ullstein

»Wenn die Justiz lahmt, wird sie von den Beschuldigten überholt.« Jeden Tag erlebt Oberstaatsanwalt Ralph Knispel den Bankrott von Recht und Gesetz aufs Neue. Bei Polizei und Justiz fehlt es an Personal und moderner Ausstattung, die Auswertung von Spuren nimmt teils Jahre in Anspruch, was Tätern einen enormen Zeitvorsprung verschafft. So sind selbst die Verfolgung und Bestrafung von schweren Straftaten nicht mehr sichergestellt. Die Folge: Immer mehr Menschen verlieren das Vertrauen in unser Rechtssystem. Ralph Knispel, seit fast drei Jahrzehnten bei der Berliner Staatsanwaltschaft tätig, schlägt Alarm. Er berichtet von eklatanten Fehlentwicklungen bei der Strafverfolgung, zeigt aber auch, dass es durchaus Lösungen gibt, durch die der Rechtsstaat seine Pflichten gegenüber den Bürgern wieder erfüllen kann.

RALPH KNISPEL, Jahrgang 1960, ist Oberstaatsanwalt. Seit 1996 arbeitet er in der Abteilung Kapitalverbrechen, die im Kriminalgericht Berlin-Moabit untergebracht ist, Europas größtem Strafgericht. Seit Juni 2016 ist er dort erneut als Leiter tätig. Zwischen 2011 und 2016 war er Dezernent und Leiter der Abteilung für Gewalt-, Staatsschutz- und Friedensstörungsdelikte.

Ralph Knispel

mit Heike Gronemeier

Rechtsstaat am Ende

Ein Oberstaatsanwalt schlägt Alarm

Ullstein

Besuchen Sie uns im Internet:
www.ullstein.de

Wir verpflichten uns zu Nachhaltigkeit
- Klimaneutrales Produkt
- Papiere aus nachhaltiger
  Waldwirtschaft und anderen
  kontrollierten Quellen
- ullstein.de/nachhaltigkeit

MIX
Papier
FSC FSC® C083411

Ungekürzte Ausgabe im Ullstein Taschenbuch
1. Auflage Juli 2022
© Ullstein Buchverlage GmbH, Berlin 2021/Ullstein Verlag
Umschlaggestaltung: zero-media.net, München, nach
einer Vorlage von Büro Jorge Schmidt, München
Titelabbildung: © Hans Scherhaufer
Satz: LVD GmbH, Berlin
Gesetzt aus der Sabon
Druck und Bindearbeiten: CPI books GmbH, Leck
ISBN 978-3-548-06610-3

Dieses Buch widme ich zwei bedeutsamen Personen in meinem Leben: meinem Vater und meiner Frau Bettina. Mein Vater hat mich von Kindesbeinen an sowohl Gerechtigkeit als auch Aufrichtigkeit gelehrt. Beide Eigenschaften haben sein und mein Leben nachhaltig geprägt. Und zu meinem Lebensglück gehört untrennbar meine Frau, die fest an meiner Seite und zu mir steht.

All die Überraschungen und Enttäuschungen, die mein fast drei Jahrzehnte währendes Dienstleben bei der Staatsanwaltschaft geprägt haben, konnten mir meine Begeisterung für meinen Beruf nicht nehmen. Deshalb will ich mit meinem Buch nicht nur auf gravierende Mängel unseres Rechtsstaats aufmerksam machen, sondern auch Wege aufzeigen, wie diese zu beheben sind.

Inhalt

Prolog

Jeden Sonntagabend verfolgt ein Millionenpublikum vom Fernsehsessel aus gebannt die neueste Folge der Krimireihe »Tatort«. Man sieht Ermittelnde, die in Karossen der gehobenen Kategorie oder in schicken Oldtimern am Tatort vorfahren, an dem das Team der Kriminaltechnik längst mit der Untersuchung begonnen und erste Spuren sichergestellt hat. Auch die Rechtsmedizin ist bereits vor Ort. Nach nur einigen Stunden, spätestens am nächsten Tag werden den Kommissariaten die wichtigsten Erkenntnisse übergeben: ein Blatt Papier oder ein dünner Schnellhefter, in dem etwa DNA-Spuren vermerkt sind, Informationen zur Tatwaffe, zum Tatzeitpunkt, zum Einstich- oder Einschusswinkel und dergleichen mehr. Auch die Rechtsmedizin hat in Windeseile Ergebnisse geliefert.

Die Ermittlungsarbeiten nehmen Fahrt auf, wobei die Teams in ihren bestens ausgestatteten Dienststellen auf modernstes Instrumentarium und viele hilfreiche Hände zurückgreifen können. Maßnahmen zur Telefonüberwachung werden auf dem kurzen Dienstweg eingeleitet, selbst

für länderübergreifende Ermittlungen genügt ein Telefon-
anruf.

Ist der Täterkreis erst einmal eingegrenzt, sind besondere
Maßnahmen zur Observation nötig oder müssen verschiedene Erlaubnisse eingeholt werden, wird die Staatsanwaltschaft eingeschaltet. Dann schwenkt die Kamera durch
lichtdurchflutete große Büros, gern mit Stuck an der Decke
und großformatiger Kunst an den Wänden. Vor der Fenster-
front eine einladende Sitzgruppe mit Tischchen, auf dem die
neuesten juristischen Fachblätter ausliegen, und ein schön
designter Schreibtisch, auf dem außer einem Laptop, den
neuesten Kommentaren zur Rechtsprechung und einigen
dünnen Aktenmäppchen wenig daran erinnert, dass hier
auch gearbeitet, nicht nur repräsentiert wird.

Nach anderthalb Stunden Fernsehzeit kann sich das ge-
neigte Publikum entspannt zurücklehnen, beruhigt zu Bett
gehen. Der Fall ist aufgeklärt, der oder die Täter gefasst, die
Akte der Staatsanwaltschaft und dem Gericht übergeben.
Läuft alles nach Plan, wird der Verbrecher rasch vor Gericht
gestellt und bald schon seine gerechte Strafe hinter Gittern
verbüßen.

Klappe zu, nächsten Sonntag mehr: ein neues Team, ein
neuer Fall, ähnliche Rahmenbedingungen. Und sollte es bei
den Ermittlungen doch einmal haken, so hat das mehr mit
den persönlichen Abgründen der Kommissare zu tun als mit
den Abgründen, vor denen Polizei, Strafverfolgungs- und
Anklagebehörden im Kampf gegen das Verbrechen tagtäglich stehen. Schön ist sie, die Fernsehwelt, die sonntägliche
Illusion der funktionierenden Staatsmacht.

In Wirklichkeit kann ein Täter mit einiger Wahrscheinlichkeit davon ausgehen, für seine Tat gar nicht, und wenn doch, dann nicht immer dem gesunden Rechtsempfinden entsprechend zur Rechenschaft gezogen zu werden. In Berlin beispielsweise wurden im Jahr 2019 insgesamt 513 426 Straftaten registriert; das entspricht 14 086 Straftaten pro 100 000 Einwohnern und ist damit bundesweiter Spitzenwert. Das Dunkelfeld liegt weit höher, weil längst nicht jede Straftat zur Anzeige gebracht wird. Das gilt ganz besonders für Deliktfelder wie Taschen- oder Fahrraddiebstahl: In der Hauptstadt wird alle 17 Minuten ein Fahrrad gestohlen. Aber auch in anderen Großstädten scheint Fahrraddiebstahl zu einer Art Naturgesetz geworden zu sein. Die Täter – organisierte Banden, Gelegenheitsdiebe, Kleinkriminelle oder Drogensüchtige auf der Suche nach dem schnellen Euro – können sich auf eines verlassen: dass die Aufklärungsquote so niedrig ist wie bei kaum einem anderen Delikt. In Berlin lag sie bei mageren 3,9 Prozent. Deliktübergreifend lag die Aufklärungsquote insgesamt bei 44,7 Prozent. Während in Berlin statistisch gesehen kaum jemand davon ausgehen kann, *nicht* Opfer einer Straftat zu werden, können mehr als 55 Prozent der Täter damit rechnen, für ihre Tat nicht belangt zu werden.

Nehmen wir das Beispiel Wohnungseinbrüche, ein Delikt, das bei den Betroffenen oft noch Jahre nachwirkt. Das Gefühl, in den eigenen vier Wänden Opfer einer Straftat geworden zu sein, ist traumatisch. Um nicht bei einer abstrakt anmutenden Beschreibung zu bleiben, will ich sie gern mit wahren Erfahrungen Betroffener konkretisieren. So hat eine mir bekannte Frau, bei der eingebrochen wurde, während sie schlief, sich lange Zeit nicht mehr getraut, nachts zur Toilette zu gehen. Über viele Monate behalf sie sich mit einem Nachttopf.

Andere Opfer sahen sich veranlasst, mit großem finanziellem Aufwand Sicherungssysteme für ihre Wohnräume anzuschaffen, in der Hoffnung, zukünftig von derartigen Erfahrungen verschont zu bleiben. Zur Wahrheit gehört indes die Tatsache, dass diese Sicherungen mitnichten ausschließen, erneut Opfer eines Einbruchs zu werden. Zudem ist nicht jede oder jeder so vermögend, derartigen Aufwand zu betreiben. Viele sehen sich aufgrund ihrer bestens nachvollziehbaren Verängstigung deshalb veranlasst, sich auf die Suche nach einer neuen Wohnung zu begeben. Die Tatsache, dass die rasante Entwicklung der Mieten diesem Ansinnen regelmäßig entgegensteht, liegt auf der Hand.

Bei mir selbst ist vor vielen Jahren zweimal eingebrochen worden, während ich nicht zu Hause war. Einmal ist neben größerem Sachschaden ein Sparschwein geplündert, beim zweiten Mal sind unter anderem die nach dem ersten Einbruch für über 2000 DM installierten Sicherungen erheblich beschädigt worden. Dass der oder die Täter erkennbar ohne Schwierigkeiten über ein – aus Kostengründen nicht weiter gesichertes – Fenster im ersten Geschoss eingedrungen waren, sei nur am Rande bemerkt.

Die Fallzahlen bei Wohnungseinbrüchen haben sich in den vergangenen Jahren zwischenzeitlich vervielfacht, man hat den Eindruck, als habe der Rechtsstaat vor den oft bandenmäßig organisierten Tätern längst kapituliert: Nur bei

15 Prozent der Einbrüche kann überhaupt ein Täter ermittelt werden, und in nur 2,6 Prozent der Fälle kommt es zu einem Gerichtsverfahren. Ein Einbrecher kann also zu 97,4 Prozent davon ausgehen, unbestraft auf freiem Fuß zu bleiben!

Allein anhand dieses Beispiels lassen sich die fundamentalen Probleme des Polizei- und Justizapparats und damit des Rechtsstaats insgesamt skizzieren: Beide Bereiche wurden über Jahrzehnte systematisch kaputtgespart. Es fehlt an Personal und moderner Ausstattung, die Auswertung von Spuren – etwa von DNA – nimmt Monate, teils Jahre in Anspruch, was Tätern einen enormen Zeitvorsprung verschafft. Gerade Einbrecherbanden, die gezielt aus anderen Ländern kommen, um hier ihre Diebeszüge durchzuführen, sind da längst über alle Berge. Selbst wenn Spuren sichergestellt und zeitnah ausgewertet werden konnten, ziehen sich Gesuche um Rechtshilfe im Ausland oft endlos hin, versanden nicht selten in den Mühlen der verschiedenen Behörden. Die Betroffenen, die einen Einbruch angezeigt haben, bekommen irgendwann lapidar mitgeteilt, dass das Ermittlungsverfahren eingestellt wurde. Bei der Bevölkerung entsteht so der Eindruck, als gebe es eine Quasilegalisierung bestimmter Taten, einen Freibrief für die Täter.

Dass dem so ist, liegt auch an den nächsten Instanzen, die nach der Ermittlungsarbeit der Polizei mit Strafsachen befasst sind: den Staatsanwaltschaften als Anklagebehörden und den Gerichten als urteilenden Instanzen.

Allein wegen des Flaschenhalses Polizei ziehen sich viele Strafsachen enorm in die Länge, Ermittlungen dauern

Jahre – gerade im Bereich der Organisierten, der Wirtschafts- und Clankriminalität – und umfassen nicht selten mehrere Dutzend Aktenordner mit Tausenden von Seiten. Die Strafsachen landen in einem Justizapparat, der seit Jahren am Limit agiert. Der Bund der Richter und Staatsanwälte in Nordrhein-Westfalen sprach schon vor Jahren von einer »strukturellen Hinrichtung« der Justiz[1] durch eklatanten Personalmangel, schlechte Arbeitsbedingungen und miserable technische Ausstattung. Der enorme Druck führe nicht nur zu einer chronischen Überlastung der in der Justiz Beschäftigten, sondern begünstige Fehler und nehme Rechtsuchende quasi zu Geiseln, indem ihre Anliegen nicht oder nur mit teils jahrelanger Verspätung bearbeitet würden.

Am Berliner Sozialgericht etwa stapeln sich 40 000 unbearbeitete Fälle; das Gericht müsste ein Jahr schließen, um allein diesen Berg abzuarbeiten. Aber täglich gehen fast 2000 neue Schriftstücke bei der Poststelle ein.[2] Ein Richter am Amtsgericht Güstrow musste sich vor Gericht wegen Rechtsbeugung verantworten, weil er 816 Verfahren wegen Verkehrsverstößen so lange liegen ließ, bis sie verjährten. Mehrfach hatte er bei seinen Vorgesetzten um Unterstützung ersucht, auch das Justizministerium war informiert – geschehen war nichts.

Die deutschen Staatsanwaltschaften schlossen 2018 fast fünf Millionen Verfahren ab – ein Plus von 81 000 Fällen im Vergleich zum Vorjahr. 2019 blieb die Anzahl der von den deutschen Staatsanwaltschaften erledigten Verfahren nach der Pressemitteilung des Statistischen Bundesamtes (destatis) vom 21. August 2020 fast identisch; dass es insgesamt 523 weniger waren, darf dabei getrost vernachlässigt werden.[3] Anders hingegen verhielt es sich bei den Straftaten gegen die sexuelle Selbstbestimmung. Denn hier war ein Zuwachs von fast 14 Prozent zu verzeichnen.[4]

Allerdings endeten im Jahre 2019 fast 57 Prozent der Verfahren nicht mit einer Anklage, sondern mit deren Einstellung. Und das, obwohl bei 28 Prozent der Verfahren Beschuldigte ermittelt werden konnten: Gegen sie wurden die Verfahren wegen geringer Schuld entweder ohne (24,6 Prozent) oder gegen eine Auflage (3,4 Prozent) eingestellt.[5] Es kann gute Gründe geben, ein Verfahren mit oder ohne Auflagen einzustellen, etwa bei Geringfügigkeit des Vergehens (§ 153 und § 153 a StPO). Klassische Beispiele wären das zum ersten Mal gestohlene Päckchen Kaugummi, Angeln ohne Angelschein – allerdings darf nicht mehr als ein Fisch angebissen haben –, ein Verstoß gegen das Versammlungsgesetz oder eine Beleidigung wie »Sie Idiot«, wenn jemand Sie in der U-Bahn angerempelt hat. Ein Verfahren einzustellen, weil es nicht genügend Staatsanwältinnen oder -anwälte gibt, die eine Sache zur Anklage bringen, ist kein guter Grund. Sondern ein Offenbarungseid.

Grundsätzlich besteht ein öffentliches, also ein staatliches Interesse an der Verfolgung und Bestrafung von Straftaten. Gleichwohl muss das Vorgehen des Staates »verhältnismäßig« sein, der Aufwand muss also im Bezug zur Schwere der Tat stehen. So will man nicht nur der gegebenenfalls geringen Schuld der Beschuldigten entsprechen, sondern auch verhindern, dass der Justizapparat mit Bagatelldelikten lahmgelegt wird. Inzwischen bleiben bundesweit aber ganz andere Strafsachen liegen, binden langwierige Prozesse Kapazitäten. Seit 2010 hat die Dauer eines Verfahrens um 20 Prozent zugenommen, auch die Komplexität ist kontinuierlich gestiegen, die juristische Aufarbeitung einzelner Straftaten damit deutlich zeitintensiver geworden – bei gleichbleibender personeller Ausstattung. Mit dem Ergebnis, dass Prozesse verschleppt werden, Täter auf »Strafrabatte« wegen langer Verfahrensdauer hoffen können (im Schnitt liegt der Straferlass wegen »rechtsstaatswidriger Verfahrensverzögerungen« bei vier Monaten) oder aus der Untersuchungshaft entlassen werden müssen, weil gegen sie nicht innerhalb der gesetzlich vorgeschriebenen Frist Anklage erhoben, die Hauptverhandlung begonnen oder sie verurteilt werden konnten. Das sind keineswegs nur Einzelfälle: Allein die deutschen Oberlandesgerichte (in Berlin das Kammergericht) haben 2015 und 2016 insgesamt 85 teils schwerster Verbrechen dringend Verdächtige wegen einer solchen Fristüberschreitung wieder auf freien Fuß setzen müssen. Wer annimmt, dabei handle es sich nur um ein vorübergehendes Phänomen, irrt. Denn diese beklagenswerten Verhältnisse haben in den Folgejahren ihre Fortsetzung gefunden. Nach Angaben des Deutschen Richterbundes (DRB) kam es in Deutschland in den Jahren 2017 zu mindestens 51, 2018 zu 65 und 2019 gar zu 69 derartigen Fällen.[6]

Beschuldigte, die nicht angeklagt werden, Strafprozesse, die nicht stattfinden können, weil wegen hoffnungsloser Überlastung der Gerichte über Monate kein Hauptverhandlungstermin anberaumt werden kann, dringend verdächtige

Großdealer, Mörder und Vergewaltiger, die wegen einer Fristverletzung aus der Untersuchungshaft entlassen werden müssen – das ist Justizalltag in Deutschland.

Polizeiliche Ermittler, die mit den öffentlichen Verkehrsmitteln zu Einsatzorten oder Gerichtsterminen fahren müssen, weil gerade kein Dienstfahrzeug zur Verfügung steht, die mit veralteter Computertechnik gegen international agierende und technisch hochgerüstete Kriminelle vorgehen sollen, die monatelang auf Ergebnisse der Kriminaltechnik warten müssen und personell so unterbesetzt sind, dass die Überwachung der Corona-Maßnahmen zu offenen Flanken etwa bei der Bekämpfung von Drogendelikten führt – das ist Polizeialltag in Deutschland.

Zusammengenommen ist das nicht weniger als eine angekündigte Chronik des Versagens des Rechtsstaats, der seinen Aufgaben zur Wahrung der inneren Sicherheit im Land längst nicht mehr nachzukommen vermag. Dass die Verantwortlichen über diese wachsenden Zweifel wahlweise beschwichtigend hinweggehen oder sie achselzuckend fast schon als Fakt akzeptieren, spricht Bände. Es hilft nichts, darauf zu verweisen, dass die Justiz bei allen Problemen insgesamt doch noch »recht ordentlich« funktioniere. Meine persönlichen Erfahrungen sind andere. Ich würde sogar so weit gehen zu sagen, dass unser Rechtsstaat in Teilen nicht mehr funktionsfähig ist. Und in den Bereichen, in denen er das noch ist, ist dies dem großen Einsatz derjenigen geschuldet, die gegen diese enorme Schieflage ankämpfen. Jeden Tag, an vorderster Front bei der Polizei, den Staatsanwaltschaften und an den Gerichten, die Grenzen der körperlichen und seelischen Belastbarkeit dauerhaft überschreitend.

Nur selten bekommen die für diese innere Sicherheit verantwortlichen Mitarbeitenden des Justizapparats Gelegenheit, ein breites Publikum zu erreichen und es für die Sorgen und die daraus entstehenden Gefahren zu sensibilisieren. Ich selbst hatte diese Gelegenheit im Juli 2019 im Rahmen der Talkshow »Markus Lanz« im ZDF. Die anschließenden Rückmeldungen etwa in den sozialen Netzwerken kamen nicht nur aus Kreisen, deren Angehörige mit den Problemfeldern aus eigener beruflicher Erfahrung vertraut sind – sondern aus allen möglichen gesellschaftlichen Bereichen. Wenig davon hat mich überrascht, vieles in seiner Tiefe aber doch erschüttert. Denn ganz überwiegend kam in den Wortmeldungen ein massiv zerrüttetes, wenn nicht gar bereits verloren gegangenes Vertrauen in den Rechtsstaat – und damit letztlich in unsere Demokratie – zum Ausdruck. Viele Menschen beschrieben mir ihre eigenen leidvollen Erfahrungen mit der Strafjustiz, in der sie weder ihre Interessen als Verletzte angemessen berücksichtigt oder ihre Erwartungen an einen Rechtsstaat erfüllt sahen. Viele berichteten von beklagenswerten Verhältnissen in ihrem von rücksichtsloser Kriminalität gegeißelten Wohnumfeld, der Polizei und Justiz aus ihrer Sicht macht- und/oder tatenlos gegenüberstünden. Vereinzelt brachten die Menschen ihre Erschütterung zum Ausdruck, die sie als Angehörige von Getöteten bei der justiziellen Aufarbeitung der Verbrechen erfahren haben. Doch auch fernab eigener Erfahrungen äußerten viele Menschen tiefes Unverständnis für die fehlende Gewährleistung der inneren Sicherheit und Strafverfolgung, die ihnen in ihrem Lebensumfeld tagtäglich begegnete. Teils zeigten sie sich durch meine Ausführungen bestätigt, teils überrascht von den wirklichen Zuständen.

Selbst aus dem bundesweiten Kollegium erfuhr ich durchweg eine bestätigende Resonanz. Allen gemein war die Anerkennung für meine klaren Worte.

Vielleicht war es dieser Spiegel, den das Publikum mir als Vertreter der Staatsmacht mit seinen Rückmeldungen vorgehalten hat, der mir den letzten Anstoß gab, dieses Buch zu schreiben. Ich werde darin die katastrophalen Zustände in der deutschen Justiz, diesem so wichtigen Grundpfeiler unseres Rechtsstaats, offenlegen. Es ist mir ein wichtiges Anliegen, diese Defizite – und sie sind zahlreich – klar zu benennen. Denn nur, wenn wir erkennen, wo die Missstände liegen, werden wir in der Lage sein, sie auch zu beheben. Und nur, wenn wir diese Missstände entschlossen angehen, wird der Rechtsstaat, der für ein funktionierendes Gemeinwesen so existenziell ist, den fortschreitenden Kontrollverlust beenden und das Vertrauen seiner Bürgerinnen und Bürger zurückgewinnen können.

Kapitel 1

Imageproblem: Wie Vertrauens- und Ansehensverlust den Rechtsstaat aushöhlen

> »Das Vertrauen in den demokratischen
> Rechtsstaat erodiert.«[7]
>
> Bundesinnenminister Thomas de Maizière im Januar 2017

Wenn Sie dieses Buch in Händen halten, werden Sie sich für das Thema »Rechtsstaat« interessieren. Das ist gut und wichtig, denn dieses Thema betrifft jede und jeden von uns in unterschiedlicher Ausprägung – egal, ob beruflich und/oder privat. Zwar will ich hoffen, dass Sie bislang noch keine eigenen schlechten Erfahrungen mit unserem Rechtsstaat machen mussten, doch wer allein die Medienberichterstattung in den zurückliegenden Jahren verfolgt hat, dem wird nicht verborgen geblieben sein, dass da etwas faul ist im deutschen Rechtsstaat. Schlagzeilen wie »Justiz-Skandal! Koffer-Killer aus Haft entlassen« *(Bild)*, »Langsame Justiz: Mutmaßlicher Kinderschänder kommt frei« *(Stern)*, »Münchner Justiz pennt: Mutmaßlicher Vergewaltiger muss aus U-Haft entlassen werden« *(Focus)*, »Deutsche Justiz überlastet: 250 Tatverdächtige auf freiem Fuß« *(WAZ)* oder TV-Beiträge wie »Justiz vor dem Kollaps« (ZDFzoom), »Deutschlands Richter am Limit« (MDR) zeichnen ein erschreckendes, aber zutreffendes Bild. Denn die seit Langem drängenden und besorgniserregenden Probleme haben sich inzwischen zu einer nicht zu übersehenden Gefahr für das gesellschaftliche Zusammenleben ausgewachsen.

Dabei ist der Rechtsstaat doch das Rückgrat unserer Demokratie, denn er sorgt durch die Gewaltenteilung zwischen Gesetzgebung (Legislative), vollziehender Gewalt (Exekutive) und Rechtsprechung (Judikative) für eine wohl austarierte Machtbalance, die den Bürgern dieses Landes ein friedliches Miteinander ermöglicht und sie vor Willkür schützt. Eine solche Gewaltenteilung – so sie funktioniert – ist eines der maßgeblichen Kennzeichen einer demokratischen Staatsordnung. Gerät einer dieser drei Pfeiler ins Wanken, gerät auch die Demokratie als Ganzes in Gefahr.

Ganz grundsätzlich versteht man unter Rechtsstaat einen Staat, der einerseits allgemein verbindliches Recht schafft und andererseits seine eigenen Organe zur Ausübung der staatlichen Gewalt an eben dieses Recht bindet. Diese Bindung legitimiert das Handeln von Regierung, Gesetzgebung oder Verwaltung und stellt gleichzeitig eine wichtige Kontrollmöglichkeit für dieses Handeln dar. Außerdem garantiert der Rechtsstaat den Bürgerinnen und Bürgern Grundrechte wie etwa die allgemeine Handlungsfreiheit, das allgemeine Persönlichkeitsrecht und das Recht auf Leben und körperliche Unversehrtheit. Er sichert Gleichberechtigung, Glaubens- und Versammlungsfreiheit, Presse- und

Informationsfreiheit, um nur einige zu nennen. Da die Würde des Menschen in unserer Verfassung an erster Stelle steht, obliegt dem Rechtsstaat nicht nur die Aufgabe, die Freiheitsräume der einzelnen Bürgerinnen und Bürger zu schützen, die durch die Grundrechte garantiert werden. Er hat auch dafür zu sorgen, dass die geltenden Regeln befolgt und Verstöße gegen Recht und Gerechtigkeit geahndet werden.

Im Interesse der Bevölkerung sind Staat und Justiz also dazu verpflichtet, die Vorschriften, die durch die Legislative zur Gewährleistung und zum Schutz des gesellschaftlichen Zusammenlebens verabschiedet worden sind, in die Tat umzusetzen. Die Justiz ist in Deutschland dabei nur einer Sache unterworfen: dem Gesetz. Denn es ist ein elementarer Grundsatz eines Rechtsstaats und Kennzeichen einer Demokratie, dass die Rechtsprechung durch eine unabhängige und vor allem funktionsfähige Justiz erfolgt.

Was diesen letzten Aspekt angeht – die Funktionsfähigkeit der Justiz –, liegt in Deutschland vieles im Argen. Seit Längerem lässt sich hier eine schleichende Erosion beobachten, die vor Jahren begonnen und seitdem immer dramatischere Ausmaße angenommen hat. Was dazu führt, dass die Handlungsfähigkeit des Rechtsstaats insgesamt massiv geschwächt wird. Das ist die Dimension, die Sie bei der Lektüre dieses Buches im Hinterkopf behalten sollten.

Das Vertrauen in den Rechtsstaat wird in schöner Regelmäßigkeit erschüttert, wenn in den Medien Berichte über die kriminellen Machenschaften von Clans, über organisierte Einbrecherbanden oder über No-go-Areas in Städten erscheinen, über Viertel also, in die sich Polizeikräfte als Vertreter der Staatsmacht – wenn überhaupt – nur noch in Gruppenstärke hineinwagen. Wenn von rechtsfreien Räumen die Rede ist, von Parallelgesellschaften, in denen offenbar nicht länger deutsches Recht gilt und in denen die Hüter über die Ordnung keine Polizeiuniform mehr tragen, sondern orangefarbene Westen mit der Aufschrift »Scharia-Polizei«. Wenn Berichte darüber veröffentlicht werden, dass so mancher Gewalttäter nicht zur Strecke gebrachen werden kann, weil ein Verfahrensfehler vorliegt oder es wegen einer Überlastung des Gerichts gar nicht erst zu einem Prozess kommt – mangels Personals. Oder wenn ein Prozess nicht anberaumt werden kann, weil Gerichte über Jahre hinweg »austerminiert« sind, weshalb der mutmaßliche Täter sich weiterhin seiner Freiheit erfreut.

Gleichzeitig können sich viele Leute des Eindrucks nicht erwehren, dass der Parkverstoß, das Überfahren einer roten Ampel und die Geschwindigkeitsübertretung sofort und – gleichwohl völlig zu Recht – konsequent geahndet werden. Allein dass sich in Teilen der Bevölkerung das ungute Gefühl breitmacht, man verfolge die »Kleinen« mit aller Härte und könne der »Großen« nicht habhaft werden, ist fatal. Denn es führt unmittelbar zu einer Tatsache, die ein weiteres düsteres Licht auf den Zustand unseres Rechtsstaats wirft: der Tatsache nämlich, dass das Sicherheitsempfinden der Bevölkerung und das Vertrauen in die Vertreter der Staatsmacht in den Bereichen Polizei und Justiz seit Jahren rückläufig sind.

Gleichwohl sind nur wenige Verantwortliche bereit, öffentlich einzuräumen, dass der Bereich der Strafrechtspflege erhebliche Defizite aufweist. Ich selbst habe in meiner Funktion als Vorsitzender der Vereinigung Berliner Staatsanwälte e. V. (VBS) wiederholt auf diese Missstände hingewiesen. Darauf etwa, dass in Berlin die polizeiliche und justizielle Strafverfolgung in weiten Teilen schweren Schaden genommen hat. Die Hauptstadt erweist sich hier – wie leider so oft – als Spitze des Eisbergs: Hier gibt es die meisten Straftaten, und hier werden die wenigsten aufgeklärt. Hier ist die Zahl der offenen Haftbefehle am höchsten, die Dauer für die Bearbeitung von Gutachten extrem lang und der Personalnotstand besonders hoch. Die Liste ließe sich fortsetzen, ich werde auf einzelne Aspekte später noch ausführlich zurückkommen.

Wie unter einem Brennglas kulminieren in Berlin Probleme, zeigen sich Defizite, die allerdings auch im ganzen Land mit fortschreitender Dramatik zu beobachten sind. Seit Jahren pflege ich enge Kontakte zu zahlreichen Justizbediensteten anderer Bundesländer, mit denen ich mich immer wieder fachlich austausche. Diese Gespräche zeigen klar und deutlich: Wir alle – Richterinnen und Richter, Staatsanwältinnen und Staatsanwälte, Polizistinnen und Polizisten – teilen landauf, landab weitgehend ein ganz ähnliches Schicksal und häufig dasselbe Leid. Immer wieder höre ich aus dem Kollegenkreis, es werde nicht mehr lange dauern, »bis alles zusammenbricht«. Es fehlt an Richterinnen und Richtern, an Staatsanwältinnen und -anwälten und anderem Personal bei der Justiz, weshalb auch Fälle nicht bearbeitet werden, die im Interesse der Gemeinschaft unbedingt bearbeitet werden müssten. Und spätestens hier überschreiten wir eine rote Linie. Denn, wie Jens Gnisa in seiner Funktion als Vorsitzender des Deutschen Richterbundes sagte: »Es knirscht in der deutschen Strafjustiz an allen Ecken und Enden. Der Bürger spürt das und zweifelt zunehmend an der Sicherheit im Land.«[8]

Alarmierende Studienergebnisse

Wie sehr das Vertrauen der Bevölkerung bereits gelitten hat, offenbaren Gespräche mit Bürgerinnen und Bürgern, alarmierende Berichte in der Tagespresse und eine Vielzahl von Studien. Immer wieder werden zum Thema Rechtsstaat Erhebungen durchgeführt, von ganz verschiedenen spezialisierten Unternehmen wie Forsa, Allensbach und anderen Meinungsforschungsinstituten. Aber nur selten sorgte eine Umfrage für so viel Wirbel, wie jene des Meinungsforschungsinstituts Civey GmbH für das Nachrichtenmagazin *Focus Online*.

Die Tatsache, dass das Institut – anders als die Konkurrenz – Befragungen online durchführt und die Teilnehmer nicht im Vorfeld durch eine Zufallsstichprobe aus der Bevölkerung ermittelt, hatte bereits in der Vergangenheit Anlass zu Kritik geboten. Kollegen von der Forschungsgruppe Wahlen und dem Institut Forsa sprachen da schon mal von »Bullshit«, gar von »Scharlatanerie« war die Rede.[9]

Starker Tobak, dem jede tatsachenbasierte Grundlage

fehlt. Zum einen wichen die Ergebnisse der Civey-Erhebungen in der Vergangenheit kaum von vergleichbaren der Konkurrenz ab. Und zum anderen gehören renommierte Medienvertreter wie der *Spiegel*, die *Welt*, der Bayerische Rundfunk, der von ARD und ZDF gemeinsam betriebene Fernsehsender Phoenix sowie eben *Focus Online* zu den zahlreichen Medien, die mit der Civey GmbH zusammenarbeiten und auf deren Erhebungen zurückgreifen. Es gibt also wenig Anlass, die im Folgenden skizzierte Untersuchung in Zweifel zu ziehen: An jener Umfrage zur deutschen Justiz und insbesondere zur Frage nach dem Vertrauen in den Rechtsstaat nahmen mehr als 5000 Personen über 18 Jahren teil. Die Ergebnisse basieren also auf den Äußerungen einer ganz erheblichen Anzahl von Erwachsenen – und sie zeichnen sowohl ein unmissverständliches als auch dramatisches Bild.

Focus Online versah den dazugehörigen Artikel vom 1. Januar 2019 mit der Überschrift: »Umfrage-Schock: 45 Prozent der Deutschen misstrauen der Justiz«. Denn auf die konkrete Frage »Wie groß ist Ihr Vertrauen in die Justiz in Deutschland?« hatten bundesweit 44,9 Prozent und in den neuen Bundesländern sogar rund 52 Prozent der Befragten mit »sehr gering« beziehungsweise »eher gering« geantwortet. Die Tatsache, dass rund 45 Prozent der Jüngeren (18–39 Jahre) noch eher vertrauten, in der Gruppe der über 65-Jährigen aber knapp 48 Prozent angaben, ihr Vertrauensverhältnis zur Justiz sei angeschlagen, dürfte vor allem am deutlich größeren Erfahrungsschatz der älteren Befragten liegen. Ein Umstand, der darauf hindeuten könnte, dass es

mit der Zeit entsprechende Zuwächse beim Vertrauensverlust auch der Jüngeren geben dürfte.

Sind manche »gleicher« vor
dem Gesetz als andere?

Die Umfrage beschränkte sich jedoch nicht nur auf die eher
allgemeine Frage nach dem Vertrauen in die deutsche Justiz,
sondern fragte weitere damit zusammenhängende Ansich-
ten ab. So beantworteten mehr als 60 Prozent die Frage
»Denken Sie, dass in Deutschland vor Gericht alle Menschen gleich sind?« mit »eher nein« beziehungsweise »nein,
auf keinen Fall«.

Eine unabhängige Justiz ist einzig dem Gesetz verant-
wortlich. Und laut Artikel 3 des Grundgesetzes sind alle
Menschen vor dem Gesetz gleich. Dennoch scheint es in der
Bevölkerung Zweifel an diesem Grundsatz zu geben. Tatsächlich deckt sich dieses Gefühl der Ungleichbehandlung
mit meinem langjährigen Erfahrungsschatz an vorderster
Front der Justiz. Denn natürlich stehen Beschuldigte oder
Angeklagte mit größerem finanziellen Hintergrund deutlich
besser da als andere. Sie sind nämlich in der Lage, sich von
Beginn an gleichermaßen gute wie teure Verteidiger und
externe Sachverständige zu leisten, die alle mit entsprechen-
dem Selbstbewusstsein und gerade bei großen Prozessen in
beeindruckender Stärke auftreten. Schon während des Ermittlungsverfahrens konfrontieren sie Polizei und Staats-

anwaltschaft mit unzähligen Anträgen und Rechtsmitteln, deren Bearbeitung vielfach sehr aufwendig ist. Und das setzt sich in etwaigen Hauptverhandlungen fort. Immer wieder erweist sich das als deutlicher Hemmschuh für zügige Verfahren und Urteile. Mit den eingangs bereits kurz skizzierten Konsequenzen.

Hinzu kommt, dass die Verteidigung sich zunehmend Hilfe von außerhalb des Gerichtssaals holt: durch »Litigation PR«. Diese Form der Öffentlichkeitsarbeit während eines Prozesses war hierzulande lange nur aus amerikanischen TV-Gerichtsserien bekannt, inzwischen gehört sie vielfach zum Alltag. Es geht darum, die juristische Auseinandersetzung mithilfe der Medien gezielt zu beeinflussen. Und das durchaus mit Erfolg: Gut betuchten und teils medial bestens vernetzten Beschuldigten oder Angeklagten gelingt es so immer wieder, die Pressehoheit zu erobern.

Ich selbst habe während einer wegen versuchten Mordes vor einer Jugendkammer des Landgerichts Berlin anhängigen Hauptverhandlung meine Erfahrungen damit gemacht. Am Vorabend der Entscheidung über die Fortdauer der Untersuchungshaft wurde eine Homestory im Fernsehen ausgestrahlt, mit rührend anmutenden Äußerungen von Familienangehörigen des heranwachsenden Angeklagten. Zwar konnte dieser Beitrag diese Haftentscheidung nicht im Sinne des Angeklagten beeinflussen, aber er fügte sich perfekt in die Reihe der übrigen Presseberichterstattung zu diesem Verfahren. Immer wieder hatten Teile der Verteidigung Medienvertreter mit Informationen versorgt, die das Verfahren im Sinne des Angeklagten beeinflussen sollten.

Die Pressestellen der Justiz sind weder dafür bestimmt noch personell dazu in der Lage, derartigen Verteidigungsstrategien wirksam zu begegnen.

Ohne dass mir nähere Einzelheiten des Verfahrens gegen einen aus dem Fernsehen bekannten Meteorologen bekannt sind und ich allein deshalb zu einer Beurteilung des angeklagten Tatvorwurfes weder imstande noch willens bin, war dieser Prozess über Monate ein musterhaftes Beispiel für begleitende Litigation PR. Denn sowohl zum Angeklagten als auch zum Opfer wurde in einem schier unfassbaren Maße berichtet, in den unterschiedlichsten Medien. Ob und in welchem Umfang das dort Veröffentlichte der Wahrheit entsprach, kann ich nicht beurteilen. Der Angeklagte ist jedenfalls rechtskräftig freigesprochen worden.

Wenngleich sich die Erfolgsquote solcher Strategien nicht wirklich bestimmen lässt, sollte man nicht die Behauptung aufstellen, dass Gerichte gegen derartige Einflussnahmen immun seien. Denn auch Richter und Schöffen sind nur Menschen und können sich solchen Berichterstattungen nicht ohne Weiteres entziehen.

Fakt ist, dass in der Bevölkerung der Eindruck besteht, dass so mancher dicke Fisch vergleichsweise glimpflich aus dem Netz der Justiz gelangt, während sich Beschuldigte, die durch geringfügigere Straftaten oder gar nur Ordnungswidrigkeiten auffallen, nachdrücklicher verfolgt werden. Auch diese Wahrnehmung führt zu einer Erschütterung des Glaubens an die Funktionsfähigkeit des Rechtsstaats.

Nord-Süd-Gefälle

Die Erhebungen im Auftrag von *Focus Online* gingen auch der Frage nach, ob innerhalb Deutschlands regionale Unterschiede in der Härte der Gerichtsurteile festzustellen seien. Mehr als 83 Prozent der Befragten antworteten mit »eher ja« beziehungsweise »ja, auf jeden Fall« – obwohl die Gesetze doch überall gleich sind. (Klar, dass diesen Angaben naturgemäß keine wissenschaftlich fundierten Tatsachen zugrunde liegen, sie beruhen auf subjektiver Einschätzung.)

Auch ich als erfahrenerer Strafverfolger kann Sie hier leider nicht mit belastbaren statistischen Daten versorgen. Tatsächlich aber lassen sich strukturelle Auffälligkeiten feststellen. So wird insbesondere in südlicheren Bundesländern strafbares Verhalten mit Entschlossenheit und Konsequenz geahndet. Umgekehrt gibt es Gerichtsbezirke, in denen es vieler Verurteilungen bedarf, bevor die erste freiheitsentziehende Maßnahme angeordnet wird. Auch bei der durchschnittlichen Verfahrensdauer gibt es Unterschiede: Bis ein Urteil ergeht, dauert es bei Zivilsachen in Bayern im Schnitt 6,1 Monate, in Bremen 10,7. An den Verwaltungsgerichten sind die Unterschiede noch größer: In Rheinland-Pfalz ergeht ein Urteil im Hauptverfahren durchschnittlich nach 3,9 Monaten, in Brandenburg müssen die Beteiligten 22,6 Monate auf ein Urteil warten. Wobei die Kollegen aus dem Süden im Schnitt deutlich mehr Fälle auf dem Tisch haben.[10]

Eine längere Verfahrensdauer heißt nicht automatisch, dass ein Gericht oder eine Staatsanwaltschaft schlechter arbeiten. Und solche Ländervergleiche hinken zugegebenermaßen auch ein wenig, denn vor jedem Gericht werden ganz unterschiedliche Fälle verhandelt, die sich aufgrund ihrer Komplexität nicht immer eins zu eins vergleichen lassen. Was sich aber definitiv konstatieren lässt: Lange Verfahrensdauern und die massenhafte Einstellung von Verfahren haben maßgeblich damit zu tun, dass die Justiz und die anderen an einem Strafverfahren beteiligten Behörden am Limit agieren.

Es ist der Steuern zahlenden Bevölkerung nur schwer zu vermitteln, dass die Funktionsfähigkeit der unabhängigen Justiz ganz offensichtlich von der Kassenlage der einzelnen Bundesländer abhängt, namentlich der jeweiligen Finanzministerien, die für die Kosten von Personal, Sachmitteln und Infrastruktur zuständig sind. Wie Sie später noch ausführlich lesen werden: Die Behörden betreiben hier seit Jahren kaum mehr als eine Mängelverwaltung. Zwar hat sich die Große Koalition im Bund schon 2017 auf einen »Pakt für den Rechtsstaat« geeinigt, mit dem die Ausstattung von Justiz und Strafverfolgungsbehörden verbessert werden sollte, um »den Rechtsstaat handlungsfähig zu erhalten und das Vertrauen in die rechtsstaatliche Demokratie« zu stärken. Der Pakt in Höhe von 220 Millionen Euro als Finanzspritze seitens des Bundes wurde zwei Jahre später feierlich besiegelt. Doch wie ein Bericht des Haushaltsausschusses des Deutschen Bundestags feststellte, setze »der Personalaufbau in den Ländern auf sehr unterschiedlichen Ausgangssituationen auf«. Zudem hätten einige Länder die »Maßnahmen zur Konsolidierung ihrer Haushalte bereits erfolgreich absolviert«, andere seien weiterhin »gezwungen, Budgets zu senken und Personalbestände zu reduzieren«. Und weiter heißt es: Allein für die Besoldung der derzeit beschäftigten Richter und Staatsanwälte »werden die Länder jedes Jahr voraussichtlich mindestens 240 Millionen Euro aufwenden« müssen.[11] Der »Pakt für den Rechtsstaat«, auf den ich später noch ausführlich eingehen werde, kann daher nur ein erster Schritt in die richtige Richtung sein. Der immerhin zeigt, dass der Rotstift, das systematische Kaputtsparen und damit die lange fehlende Wertschätzung des Systems im Ganzen möglicherweise der Vergangenheit angehören. Und dass die Erkenntnis, dass es hier an die Fundamente des Rechtsstaats geht, bei den Verantwortlichen angekommen ist. Doch auf Worte müssen nun auch Taten folgen.

Interne Stimmungslage: düster

Besonders aufrütteln sollte die Tatsache, dass die Zweifel an der Funktionsfähigkeit des Rechtsstaats und damit der Stabilität unseres demokratischen Systems zunehmend auch von Personen geteilt werden, die sich seit Jahren und Jahrzehnten mit der Materie beschäftigen. So hat Bettina Limperg, seit 2014 Präsidentin des Bundesgerichtshofs, im Rahmen ihrer Festrede zum 110-jährigen Bestehen des Deutschen Richterbundes eindringlich darauf hingewiesen, dass »eine Krise des Rechtsstaats immer auch einhergeht mit einer

Krise der Demokratie und beides Gift für die Wurzeln unserer gesellschaftlichen Ordnung ist«.[12] Ihrer des Weiteren erfolgten Mahnung, ein Rechtsstaat, dem die Menschen nicht mehr vertrauten, lasse sich leicht untergraben, kann man sich nur anschließen. Und mit der klaren Aufforderung an alle Verantwortlichen verknüpfen, diesen Gefahren entschlossen zu begegnen.

Wie die Bediensteten des Justizapparats selbst die Lage einschätzen, offenbarte eine Erhebung des Instituts für Demoskopie Allensbach: Im Zeitraum von Mitte Oktober bis Anfang Dezember 2018 wurden 988 zufällig ausgewählte Richter und Staatsanwälte schriftlich zu ihrer Sicht auf das deutsche Rechts- und Justizsystem befragt. Die Ergebnisse wurden 2019 im »Roland Rechtsreport« veröffentlicht.[13] Auf einige werde ich im weiteren Verlauf dieses Buches noch zurückkommen, einen ersten Überblick will ich Ihnen aber gleich hier ermöglichen. Bereits die erste Zahl sollte aufhorchen lassen: 26 Prozent der Richter und Staatsanwälte haben keinen guten Eindruck von der Justiz- und Rechtspolitik der Regierenden. Sie fühlen sich im Stich gelassen von den Verantwortlichen in Bund und Ländern, die für die Vergabe der Mittel zuständig sind und diese meist nach fiskalpolitischen Erwägungen, nicht aber nach Notwendigkeit verteilen.

Und so verwundert es auch nicht, dass 41 Prozent der Befragten angaben, mit ihren Arbeitsbedingungen »wenig« oder »gar nicht zufrieden« zu sein; 47 Prozent beklagten eine Verschlechterung der Verhältnisse. 82 Prozent aus der Richterschaft und 92 Prozent aus der Staatsanwaltschaft bewerteten die Personaldecke als unzureichend. In Berlin gaben nur 8 Prozent die personelle Ausstattung mit »gut« an, in Bayern waren es immerhin 33 Prozent.

Die Folge dieser dünnen Personaldecke ist eine enorme Überlastung der im Justizapparat Beschäftigten. 60 Prozent der Befragten aus der Richterschaft und 76 Prozent aus der Staatsanwaltschaft haben den Eindruck, sich für Rechtsfälle nicht mehr ausreichend Zeit nehmen zu können. Es scheint, als ergingen manche Urteile nicht mehr nur »im Namen des Volkes«, sondern vor allem »im Namen der Eile«. Ein Fakt, der die gebotene Sorgfaltspflicht ad absurdum führt.

Die Ergebnisse dieser Umfrage machen auf teils erschreckende Weise die inneren Auflösungserscheinungen in Teilen der deutschen Justiz deutlich. Diese ist aber, wie bereits mehrfach betont, ein wesentlicher Grundpfeiler des Rechtsstaats und unserer Demokratie. Wenn sich schon die deutsche Richter- und Staatsanwaltschaft in ihrem Wirken nachhaltig beeinträchtigt sieht, die Lage in Teilen gar als ausweglos betrachtet – wie sollte man dann als Bürger dieses Staates davon ausgehen können, dass diese Personen den Rechtsstaat nach innen stützen und nach außen glaubhaft repräsentieren können? Resignation, Überarbeitung, Frust und Vertrauensverlust im innersten Kern des Systems plus die Erosion des Ansehens in der Bevölkerung ergeben eine explosive Gemengelage. Die Bevölkerung erwartet zu Recht einen uneingeschränkt funktionierenden Rechtsstaat. Und die Repräsentanten desselben erwarten ebenfalls zu Recht, dass die Politik für Rahmenbedingungen sorgt, die diese Funktionsfähigkeit sicherstellen.

Schwindet das Vertrauen, schwindet auch der Respekt

Bis das Vertrauen der Bürger und vor allem der Opfer von Straftaten wiederhergestellt werden wird, bedarf es allerdings auch auf anderer Ebene deutlich größerer Anstrengungen. Denn wenn oben erwähnte Umfrage konstatiert, dass die Befragten das wichtigste Grundprinzip des Rechtsstaats infrage gestellt sehen, nämlich die Gleichheit aller Menschen vor dem Gesetz, und wenn Umfragen wie die des Meinungsforschungsinstituts Pollytix 2018 zu dem Ergebnis kommen, dass nur noch 55 Prozent der Deutschen großes oder sehr großes Vertrauen in die Arbeit von Justiz und Gerichten haben – so ist das brandgefährlich. 2013 war eine EU-Umfrage noch auf 77 Prozent gekommen, ein Jahr später waren es laut einer Allensbach-Umfrage nur noch 66 Prozent gewesen.[14]

Wo Vertrauen fehlt, scheint der Boden bereitet für eine weitere Entwicklung, die besorgniserregend ist und nicht losgelöst vom bisher Geschilderten betrachtet werden kann: Ich meine die Tatsache, dass sich der Respekt vor den Vertretern der Staatsmacht im Sinkflug befindet. In einem Interview mit der *Braunschweiger Zeitung* stellte der Landesvorsitzende der Gewerkschaft der Polizei (GdP) in Niedersachsen, Dietmar Schilff, fest: »Ich warne seit Jahren vor einer unheilvollen Entwicklung. Der Respekt gegenüber staatlichen Organen schwindet, und die Hemmschwelle, brutale Gewalt anzuwenden, sinkt. Das geht nicht nur Polizisten so, sondern auch Mitarbeitern des Arbeitsamtes oder Rettungskräften.«

In sozialen Netzwerken werde dazu aufgerufen, auf Hygiene-Demos »Polizisten anzuspucken oder anzuhusten«, bei Einsätzen im öffentlichen Raum würden Kollegen und Kolleginnen als »Nazis, Versager oder Vergaser« beleidigt, und bei familiären Konflikten käme es immer öfter dazu, dass die verprügelte Ehefrau sich mit ihrem Mann solidarisiere und gemeinsam gegen die gerufenen Beamten vorgehe.[15]

In Einsatz angepöbelt, bespuckt und tätlich angegriffen zu werden gehört bundesweit zum Alltag vieler Polizeibeamten. Allein bei Tätlichkeiten und Widerstandshandlungen stiegen die Fallzahlen von 2018 auf 2019 um 7,1 Prozent: von 30 686 auf 32 875. BKA-Präsident Holger Münch sagte zur Vorstellung des Lagebilds 2019: »Jeden Tag werden in Deutschland durchschnittlich 200 Polizistinnen und Polizisten Opfer von Gewalt. Einsatzkräfte werden bei einer Protestkundgebung in Mannheim mit Böllern beworfen, in Frankfurt am Main kam es anlässlich einer Kontrollmaßnahme zu einem Angriff auf die Beamten mit Eisenstangen. Dies sind aktuelle Beispiele, Taten, die bestürzen, die konsequent geahndet werden müssen.«[16]

In manchen Großstädten, allen voran in Berlin, hat es den Anschein, als habe man sich in Teilen mit dieser Entwicklung bereits abgefunden. Mitarbeitende von Ordnungsämtern zögern, Menschen darauf hinzuweisen, den Kampfhund anzuleinen oder bei Partys Abstand zu halten. Mitarbeiter der S-Bahn werden angepöbelt und sogar verprügelt, wenn sie Fahrgäste auffordern, die vorgeschriebene Corona-Schutzmaske zu tragen. In manchen Vierteln der Stadt bewegen sich Polizisten wegen wiederholter Angriffe nur noch in Gruppenstärke. So etwas kann und darf nicht geduldet werden, auch nicht als Ausdruck des gern bemühten großstädtischen Zusammenlebens.

Da zunehmend auch Rettungskräfte und Feuerwehrleute bei der Ausübung ihrer Arbeit behindert werden, Mitarbeitende von Arbeitsagenturen und Justizbehörden vor Ort und in den sozialen Medien ebenso bedroht werden wie Politikerinnen und Politiker auf lokaler und auf Bundesebene, kann man sich des Eindrucks nicht erwehren, dass sich die Attacken insgesamt gegen die Repräsentanten unseres Gemeinwesens und unserer demokratischen Grundordnung richten. Und darin liegt die eigentliche Gefahr.

Kapitel 2

Wahrnehmungsproblem: Wenn gefühlte und tatsächliche Sicherheitslage auseinander- klaffen

»Opfern von Straftaten muss man nicht mit Statistiken kommen. Für sie hat sich die Wahrscheinlichkeit, Opfer einer Straftat zu werden, auf 100 Prozent erhöht.«

Wie es um die Arbeit von Polizei und Justiz im Land bestellt ist, darüber gibt alljährlich die Veröffentlichung der Kriminalstatistik des zurückliegenden Jahres einen ersten Hinweis. Im Berliner Roten Rathaus – so heißt der Regierungssitz tatsächlich – war dies in den vergangenen Jahren Anlass zu fast euphorisch anmutenden, mindestens aber verheißungsvollen Äußerungen: So fasste Berlins Innensenator Andreas Geisel (SPD) die Polizeiliche Kriminalstatistik (PKS) für die Jahre 2017 und 2018 jeweils mit den Worten zusammen, Berlin sei »wieder ein Stück sicherer geworden«.[17] Die Vorstellung der statistischen Daten für 2019 wurde von denselben Worten begleitet – ergänzt um den Zusatz: »obwohl Berlin wächst«. Es werde eben doch nicht alles immer nur schlimmer.

Nun gehört es zum rhetorischen Rüstzeug eines versierten Politikers, jede unangenehme Erkenntnis spitzfindig verklären zu können. Denn ein solchermaßen auf »positiv« getrimmtes Ergebnis lässt sich als Erfolg der eigenen Amtszeit verkaufen. Leider ist auch die mit dem Rechtsstaat untrennbar verbundene innere Sicherheit zur Spielwiese für derartige Wortakrobatik geworden – nicht nur in Berlin.

Die Aussagekraft von Statistiken im Allgemeinen ist begrenzt. Sie müssen eingeordnet werden, auch hilft der Blick auf Vergleichsgrößen. In die Kriminalstatistik aufgenommen wird nur die polizeilich registrierte Kriminalität, sie bildet also nur das sogenannte Hellfeld ab. Delikte, die nicht angezeigt wurden, tauchen in der Statistik nicht auf. Dieses Dunkelfeld ist bei Einbrüchen und Autodiebstählen verschwindend klein. Denn hier werden die Geschädigten fast immer ihre Versicherungen in Anspruch nehmen wollen, die auf Anzeigenerstattungen bestehen. Hingegen werden bloße Sachbeschädigungen oder insbesondere Beleidigungen im Straßen- und öffentlichen Personennahverkehr fast nie angezeigt. Auch im Digitalsektor ist das Dunkelfeld sehr groß: Nur geschätzte 5 Prozent der Angriffe mit schädlichen Computerprogrammen werden zur Anzeige gebracht.

»Die Polizeiliche Kriminalstatistik ist kein getreues Spiegelbild der Kriminalitätswirklichkeit, sondern eine je nach Deliktsart mehr oder weniger starke Annäherung an die Realität«, fasste denn auch der damalige Bundesvorsitzende des Bundes Deutscher Kriminalbeamter (BDK), André Schulz, 2015 die Aussagekraft der PKS zusammen. Sie sei »lediglich eine Strichliste, ein Arbeitsnachweis ohne inhaltliche Bewertung des zeitlichen und ermittlungstaktischen Aufwands der Ermittlungsarbeit im vergangenen Jahr. Die PKS sagt zudem nichts darüber aus, in wie vielen Fällen die Verfahren durch die Staatsanwaltschaften eingestellt werden bzw. in wie vielen Fällen es überhaupt zu einer Verurteilung kommt.« Die Politik, so Schulz, betreibe seit Jahren Augenwischerei und lasse die Bevölkerung über die tatsächliche Kriminalitätslage im Unklaren: »So werden zum Beispiel im Bereich der Sexualdelikte und des Cybercrime über 90 Prozent der Taten gar nicht angezeigt«,[18] so Schulz.

Natürlich lassen sich bei einzelnen Deliktsfeldern immer mal wieder positive Entwicklungen im Vergleich zum Vorjahreszeitraum verzeichnen. Das darf jedoch nicht darüber hinwegtäuschen, dass es in anderen Kriminalitätsbereichen teils besorgniserregende Zuwächse gibt. Und dass die Aufklärungsquote in einigen Bereichen so niedrig liegt, dass man Erfolge mit der Lupe suchen muss. Zu eben diesen düsteren Entwicklungen positionieren sich die Verantwortlichen deutlich weniger klar. Genau das darf die Bevölkerung aber erwarten.

Psychologie der Angst

Das Kriminalistische Institut des Bundeskriminalamts hat zwischen Juli 2017 und Januar 2018 in Zusammenarbeit mit dem renommierten Institut für angewandte Sozialwissenschaft (Infas) eine repräsentative Befragung zum Thema

»Lebenssituation und Sicherheit in Deutschland« durchgeführt. Die Studie, an der rund 31 000 Personen teilnah-
men, untersuchte, wie häufig Menschen Opfer von Straftaten werden, wie sicher sie sich fühlen, wie sie die Arbeit
von Polizei und Justiz bewerten und wie all dies mit ihrer
Lebenssituation zusammenhängt.[19] Das Ergebnis der Umfrage ist eindeutig: In allen Bundesländern hat sich das
Unsicherheitsgefühl im Vergleich zu 2012 – dem Zeitraum
der letzten Befragung – erhöht: von insgesamt 17,3 auf
21,4 Prozent. Am geringsten ausgeprägt war die Furcht
vor Kriminalität dabei in Rheinland-Pfalz, Hessen, Schleswig-Holstein (jeweils 17 Prozent) und Bayern (18 Prozent),
am höchsten war sie in Sachsen-Anhalt (30 Prozent), Sachsen und Berlin (jeweils 28 Prozent).[20]

Das subjektive Sicherheitsempfinden der Bevölkerung
wird in Teilen der Politik gern belächelt – dabei belegt es
nichts weniger als den Fakt, wie es um das Vertrauen in die
Institutionen des Staates bestellt ist. Und es ist ein wichtiger
Indikator für den gesellschaftlichen Zusammenhalt. Allein
deswegen sollte es unbedingt ernst genommen werden.

Gleichwohl ist es geboten, diese gefühlte Realität mit der
faktischen abzugleichen. Diese Fakten liefern die Erhebungen der einzelnen Bundesländer. Aus diesen geht hervor,
dass Berlin es 2016 zum Spitzenreiter unter den gefährlichs-
ten Städten der Republik gebracht hat: mit 16 161 Straftaten je 100 000 Einwohnern. 2018 rangierte man auf Platz 2
hinter Frankfurt am Main, seit 2019 steht die Hauptstadt
wieder an der Spitze – mit einer Gesamtzahl von, ich erwähnte es bereits, 513 426 erfassten Delikten.

Aber erst der Vergleich mit anderen Städten des Landes zeigt die Bedeutung dieser Zahlen: In München beispielswese wurden im Jahr 2016 pro 100 000 Einwohnern 7909 Straftaten verzeichnet, 2018 waren es 5687 Delikte. Demnach waren in Berlin mehr als doppelt so viele Straftaten zu beklagen wie in der Hauptstadt des Freistaats Bayern!

Die Faktenlage deckt sich also mit dem subjektiven Empfinden der Menschen, die von Infas befragt worden sind. Bayern und Baden-Württemberg sind auch nach der Kriminalstatistik die sichersten Bundesländer, Berlin rangiert in den Jahren 2016 bis 2018 durchgängig auf einem beschämenden letzten Platz. (Für diejenigen, die es genauer wissen wollen, habe ich die entsprechenden Statistiken der vergangenen Jahre in einer Übersicht im Anhang zusammengestellt, siehe dort.)

Die Erklärungen der Politik zeugen nicht von einem Mangel an Kreativität: So hieß es zum Thema Taschendiebstahl, die hohen Zahlen in Berlin lägen daran, dass die Stadt eine Touristenmetropole sei – mit »Partykiezen«, großen Veranstaltungen und Bahnhöfen mit Rolltreppen. Wollte man das ernst nehmen, kann der Hinweis nicht unterbleiben, dass die bayerische Landeshauptstadt nicht nur seit vielen Jahren über einen Großflughafen, sondern auch über verschiedene (U-)Bahnhöfe verfügt, die tatsächlich ebenfalls mit Rolltreppen ausgestattet sind. Außerdem erfreut sich die Stadt – abgesehen von den Corona-Zeiten – alljährlich nicht nur während des Oktoberfests einer durchaus bedeutenden Anzahl von Touristinnen und Touristen.

Was die Taschendiebstähle in Berlin anbelangt, so soll

nicht unerwähnt bleiben, dass diese 2017 außerordentlich stark zurückgegangen sind. Die Ursache dafür lag aber nicht etwa in einem rückläufigen Tourismus mit weniger Veranstaltungen in »Partykiezen« oder gar der Abschaltung von Rolltreppen auf Bahnhöfen, sondern schlicht darin, dass die Polizei enorme und (personal-)intensive Anstrengungen zur Bekämpfung dieses Deliktsfelds angestellt hatte. Dass dieser verstärkte Kräfteeinsatz angesichts der schlechten Personalausstattung zu einer Schwächung der Präsenz in anderen polizeilich relevanten Bereichen geführt hat, liegt auf der Hand. Ich werde später noch darauf zurückkommen.

Zum Sicherheitsempfinden der Bevölkerung trägt maßgeblich die Aufklärungsquote bei. Es wird Sie nicht überraschen, dass Berlin auch hier einen unrühmlichen Tabellenplatz in Deutschland einnimmt. Bayern konnte in den vergangenen Jahren die Aufklärungsquote von 65,9 Prozent (2016) auf 66,7 Prozent (2018) steigern. Auch in Berlin ist die Entwicklung positiv, aber auf vergleichsweise niedrigem Niveau: von 42 Prozent auf 44,4 (siehe Tabelle 2 im Anhang).

Diese Zahlen sprechen eine deutliche Sprache. Sie weisen wieder teils signifikante Unterschiede zwischen den Bundesländern auf, die einer Interpretation auf politischer Ebene dringend bedürfen. Auch kann der Bevölkerung schwerlich vermittelt werden, dass die Häufung und die Aufklärung von Straftaten entscheidend davon abhängen, wo man lebt. Die Menschen in Deutschland haben nämlich allerorten einen Anspruch auf intensive Bemühungen zur Verhütung und Aufklärung von Straftaten. Sie zeigen zunehmend weniger

Verständnis für die scheinbar zwangsläufige Korrelation zwischen Großstadt und Kriminalität, auf die die Politik verweist. Einige Kriminalitätsphänomene treten sicherlich gehäuft im städtischen Raum auf. Dennoch müssten die größtmöglichen Anstrengungen erfolgen, diese Straftaten auch erfolgreich zu bekämpfen.

Bundesweit betrachtet konnte Innenminister Horst Seehofer zwar eine positive Bilanz ziehen: Deutschland sei eines der sichersten Länder der Welt, die Kriminalstatistik weise für 2018 den niedrigsten Stand polizeilich registrierter Straftaten seit Jahrzehnten auf. Die Frage, warum die Furcht, Opfer eines Verbrechens zu werden, dennoch zugenommen hat, ist Gegenstand verschiedener Studien. Professor Thomas Bliesener, Direktor des Kriminologischen Forschungsinstituts Niedersachen, konstatiert: »Die Furcht vor Kriminalität ist zunächst einmal etwas Irrationales. Obwohl die Kriminalität eher gesunken ist beziehungsweise zumindest in weiten Bereichen stagniert, steigt das subjektive Empfinden, dass die Kriminalität zunimmt. In bestimmten Fällen greift hier das, was die Psychologie Verfügbarkeitsheuristik nennt. Wenn man also die Häufigkeit eines Ereignisses danach einschätzt, wie häufig man selbst davon gehört oder etwas Entsprechendes erlebt hat. Hinzu kommen bestimmte Mechanismen in unserer modernen Medienlandschaft. Eine einzelne Straftat produziert heute viel mehr Nachrichten. Das ist der erste Mechanismus. Der zweite Mechanismus sind Bilder. Sie graben sich ins Gedächtnis ein und sind dann im Nachhinein auch immer wieder verfügbar. Der dritte Mechanismus sind die sozialen Medien. Durch unser Verhalten in den sozialen Medien, durch die Recherche im Internet und die dahinter liegenden Algorithmen werde ich viel stärker mit Informationen zu Inhalten versorgt, mit denen ich mich mal beschäftigt habe. Auch dadurch entsteht der Eindruck, dass viel mehr passiert.«[21]

Wenn der Staat zurückweicht

Dem Sicherheitsgefühl ebenfalls abträglich sind Ereignisse, die den Eindruck vermitteln, der Staat könne tatsächlich nicht mehr ausreichend für die innere Sicherheit sorgen. Dieses »Staatsversagen« lässt sich an Leuchtturm-Ereignissen wie der Silvesternacht von Köln 2015/2016, dem G-20 Gipfel 2017 in Hamburg, aber auch den rechtsextremen Anschlägen von Halle, Hanau und Kassel besonders plakativ festmachen.

Hamburg war im Wortsinn der Gipfel einer sich langsam abzeichnenden Kapitulation. Zu lange hatte man dort – seit der Besetzung der »Roten Flora« 1989 – geduldet, dass Stück für Stück rechtsfreie Räume entstanden. Dieses Vakuum nutzten 2017 Gewalttäter aus Deutschland und ganz Europa, die dem Aufruf »Welcome to Hell« nur zu gern folgten. Die aus dem gesamten Bundesgebiet zur Unterstützung der Hamburger Polizei herangezogenen Einsatzkräfte mussten in weiten Teilen vor der hasserfüllten Gewalt kapitulieren und den marodierenden Horden ganze Stadtteile überlassen. Im Anschluss bot sich ein Bild des Schreckens:

Zahllose verletzte Polizeikräfte, verwüstete und geplünderte Ladengeschäfte, verbrannte und anderweitig demolierte Kraftfahrzeuge sowie beschädigte Straßen waren die herausragenden sichtbaren Folgen. Der immaterielle Schaden dürfte um ein Vielfaches größer gewesen sein.

Tatsächliche – oder als solche empfundene – rechtsfreie Räume gibt es in mehreren Großstädten des Landes. Vor allem in Berlin, Essen und Duisburg kontrollieren kriminelle Banden ganze Stadtviertel. In Duisburg sind es etwa siebzig Großfamilien, meist arabischen Ursprungs, denen 2800 Personen angehören; in Berlin werden fünfzehn bis zwanzig Clans mit mehreren Hundert Mitgliedern für ein Viertel der Fälle Organisierter Kriminalität verantwortlich gemacht: Drogen- und Menschenhandel, Mord und Totschlag, Schutzgelderpressung, Prostitution, Sozialbetrug, um nur einige zu nennen. Zu der Tatsache, dass diesen Clans mit rechtsstaatlichen Mitteln nur schwer beizukommen ist (dazu später mehr), kommt eine weitere: Die Struktur dieser Clans, denen selbstverständlich nicht nur kriminelle Mitglieder angehören, wird erstens begünstigt durch Parallelgesellschaften, und zweitens fußt ihr Selbstverständnis auf Gewalt und einer Ablehnung des staatlichen Gewaltmonopols. Beides ist ein nicht hinzunehmender Zustand.

In Berlin kapituliert der Rechtsstaat aber auch in anderen Bereichen: Die PKS für 2019 zeigte einen Anstieg bei den Rauschgiftdelikten um 9,8 Prozent auf insgesamt 18 950 Fälle. Im Mai 2019 sorgte eine Maßnahme im Görlitzer Park bundesweit für Aufsehen. Die Drogenbeauftragte des Bundes, Marlene Mortler (CSU), sprach von einer »Kapitulation des Rechtsstaates«, der CDU-Fraktionsvorsitzende in Berlin, Burkard Dregger, erkannte eine »Einladung zum Rechtsbruch«. Anlass der Äußerungen war der Versuch des Parkmanagers, den blühenden Drogenhandel im »Görli« in »geordnete Bahnen« zu lenken: Er hatte mit rosafarbenen Rechtecken Zonen auf dem Boden markiert, die den Dealern anzeigen sollten, wo sie ihren Stoff verkaufen könnten. Im »Handlungskonzept Görlitzer Park« aus dem Jahr 2016 ist nachzulesen: »Wir fördern Maßnahmen, die bewirken, dass sich alle sicherer fühlen können, ohne auf Law and Order zu setzen.« Ob sich nun die übrigen Besucher des Parks sicherer fühlen, sei ebenso dahingestellt wie die Frage, ob sich ein Dealer bei seinen Geschäften tatsächlich in eine rosafarbene »Verkaufsfläche« stellt. Allein die Tatsache, dass man sich offenbar nicht anders zu helfen wusste, ist bedenklich. Für den Sprecher der Polizeigewerkschaft, Benjamin Jendro, ist klar: »Wenn (der Park) drogen- und damit kriminalitätsfrei werden soll, bedarf es dauerhaften polizeilichen Drucks, juristischer Entschlossenheit und politischer Rückendeckung.«[22] Dass bei allen drei Faktoren Defizite festzustellen sind und das Handlungskonzept ganz offensichtlich nicht den gewünschten Erfolg gebracht hat, belegt ein Vorfall aus dem Oktober des Jahres 2020: Auf einem Spielplatz im Görlitzer Park fand eine Vierjährige einen Löffel und steckte ihn in den Mund – er stammte von einem Drogenkonsumenten. Der staatliche Kindergartenträger beschloss daraufhin, 180 Kinder nicht mehr in den Park zu lassen. Anwohner raus, Dealer rein – so kann man Problemen natürlich auch begegnen. »Das ist für uns die plakative Manifestation der Verwahrlosung«, sagte eine Mutter, die auch beklagte, wie massiv sich die Dealer seit Jahren auch in den Wohngebieten rund um den »Görli« ausbreiten würden.[23]

Wie sehr der Nimbus der Staatsmacht in den letzten Jahren gelitten hat, zeigt auch die Tendenz, dass sich zahlreiche Bürgerinnen und Bürger zunehmend politisch randständigen Kreisen zuwenden. Sie sehen ihre Sicherheit nicht länger bei den traditionellen Parteien gut aufgehoben, den ausführenden Organen unseres Rechtsstaats. Sondern sie zeigen sich für die Propaganda derer aufgeschlossen, die die Wahrung von »Recht und Ordnung« als ihr Anliegen proklamieren und sich entsprechend organisieren. Dass diese Gruppierungen oder neuen Parteien den Rechtsstaat gefährden, ist nicht zuletzt aus der deutschen Geschichte bestens bekannt. Und die darf sich unter keinen Umständen wiederholen.

Die anspruchsvolle Aufgabe, dem Rechtsstaat wieder zur uneingeschränkten Funktionsfähigkeit zu verhelfen, obliegt daher all jenen, die sich der Demokratie aufrichtig verbunden sehen. Und wie in den einleitenden Zeilen dieses Buches angekündigt, muss dem eine eingehende Analyse dessen vorangehen, was in unserem Rechtsstaat alles falsch läuft. Was ihn schwächt und aushöhlt und so an den Rand der Dysfunktionalität bringt. Für den Bereich des Justizapparats werde ich Ihnen das in den folgenden Kapiteln darlegen. Und wie Sie sehen werden, sind die Probleme von Justitia gravierend und vielfältig.

Kapitel 3

Personalproblem:
Warum die Justiz schon jetzt
am Limit ist

*» Wir sollen einen Wasserfall stoppen – und bekommen dazu
ein Glas in die Hand gedrückt.«*

Im Zentrum dieses Buches, das ja auf meinen Erfahrungen und Einschätzungen fußt, steht natürlich die Judikative, die rechtsprechende Gewalt mit all ihren verschiedenen Organen, wenngleich ich im weiteren Verlauf immer wieder andere Bereiche in den Blick nehmen werde. Nach Artikel 92 des Grundgesetzes (GG) gilt: »Die rechtsprechende Gewalt ist den Richtern anvertraut; sie wird durch das Bundesverfassungsgericht, durch die in diesem Grundgesetz vorgesehenen Bundesgerichte und durch die Gerichte der Länder ausgeübt.«

Artikel 95 GG sowie das Gerichtsverfassungsgesetz (GVG) regeln, wie sich das Gerichtswesen in Deutschland genau gliedert: in die Ordentliche Gerichtsbarkeit (vor allem Zivil- und Strafsachen), die Verwaltungsgerichtsbarkeit (ein weites Feld, etwa zuständig für Baugenehmigungen, Asylanträge usw.), die Finanzgerichtsbarkeit (unter anderem zuständig für Steuer und Zoll), die Arbeitsgerichtsbarkeit (Kündigungen und Fragen des Arbeitsrechts), die Sozialgerichtsbarkeit (zuständig etwa für Klagen gegen einen Hartz-IV-Bescheid oder Auseinandersetzungen mit der Kranken- und Rentenversicherung) und schließlich die Verfassungsgerichtsbarkeit (hier geht es um mögliche Verstöße gegen die Verfassungen des Bundes und der Länder). Mit Ausnahme der Verfassungsgerichte sehen die Gerichtsordnungen verschiedene Instanzen vor, weshalb sich grundsätzlich verschiedene Personalkörper oftmals über lange Zeiträume mit einer einzigen Angelegenheit befassen müssen.

Weiter oben hatte ich die Erledigung der Verfahren bei den deutschen Staatsanwaltschaften ausgeführt. All diese Zahlen sind alarmierende Zeichen für die starke Arbeitsbelastung der Justizbehörden, die in den nächsten Jahren weiter zunehmen wird. Schon jetzt sind Tausende Stellen bundesweit unbesetzt, und das Loch in der Personaldecke wird sich dramatisch vergrößern: Denn bis 2030 werden deutschlandweit rund 41 Prozent der Richter und Staatsanwälte aus Altersgründen aus dem Dienst scheiden. Wir reden hier von insgesamt 11 700 Personen![24]

In den neuen Bundesländern ist die Situation besonders prekär. Nach der Wiedervereinigung wurden Gerichte und Staatsanwaltschaften personell neu ausgestattet, danach wurden jahrzehntelang kaum neue Kräfte eingestellt. Potenzielle und hoch qualifizierte Kandidaten mussten sich anderweitig orientieren. Die gegenwärtig im Osten der Republik beschäftigten Staatsanwälte und Richter sind daher im Wesentlichen im gleichen Alter und werden beinahe zeitgleich in den Ruhestand eintreten. In Sachsen-Anhalt wird das zwischen den Jahren 2020 und 2030 bei rund 80 Prozent der Dezernentinnen und Dezernenten bei der Staatsanwaltschaft der Fall sein.[25] Nicht wesentlich besser gestaltet sich die Lage in Thüringen. Dort werden nach Angaben des Landesjustizministeriums bis zum Jahr 2031 zwei Drittel der in Richterschaft und Staatsanwaltschaft Beschäftigten in Pension gehen.[26]

All diese Fakten und Prognosen geben zu schlimmsten Befürchtungen Anlass. Es ist mehr als befremdlich, dass trotz der seit Jahren von Betroffenen und Berufsverbänden erhobenen Warnungen keine nennenswerten Maßnahmen ergriffen wurden, um hier gegenzusteuern. Dabei wäre es ein Leichtes gewesen, die Differenz zwischen derzeitigem Lebens- und voraussichtlichem Ruhestandsalter zu bestimmen und auf dieser Grundlage Zahl und Zeitpunkt der erforderlichen Neueinstellungen zu ermitteln.

Inzwischen ist diese Bedarfsrechnung zwar für alle Bundesländer erfolgt. Doch hier wurde wichtige Zeit verspielt. Denn man sollte sich über eines im Klaren sein: Es wäre unvertretbar, die neuen Kräfte erst im engen zeitlichen Kontext mit den Pensionierungen einstellen zu wollen. Es liegt auf der Hand, dass der Nachwuchs ausreichende Erfahrungen sammeln muss, um die komplexen Aufgaben bewältigen zu können. Deshalb sind die Verantwortlichen gehalten, spätestens jetzt für außerplanmäßige Neueinstellungen Sorge zu tragen, damit die Funktionsfähigkeit der Justiz erstens überhaupt einigermaßen und zweitens ohne massive Qualitätseinbußen gewahrt bleiben kann.

Es soll an dieser Stelle nicht unerwähnt bleiben, dass in Berlin tatsächlich seit einiger Zeit eine nicht unerhebliche Anzahl neuer Staatsanwältinnen und -anwälte eingestellt wird. Zwar hob die zuständige Senatsverwaltung hervor, dass die Zahl der geeigneten Bewerbungen immer die Zahl der zu besetzenden Stellen übersteige, weil die Stadt attraktiv sei und ihre Justiz besser als ihr Ruf, doch reichen die neuen Kräfte insbesondere im Lichte der absehbaren Welle von Pensionierungen nicht aus, um dem daraus drohenden Unheil wirksam begegnen zu können.

Damit Sie sich ein Bild machen können, wie dramatisch die Situation bereits heute ist – ohne die große Pensionierungswelle, die auf uns zurollen wird –, möchte ich Ihnen nachfolgend die Zahlen für das Jahr 2017 präsentieren:

Bundesland	Personalbedarf	Personalbestand zum 31.12.2017	Differenz (gerundet)
NRW	6531,79	6086,71	−455
Hessen	2301,62	1957,58	−344
Bayern	3528,94	3230,38	−299
Baden-Württemberg	2818,65	2598,39	−220
Niedersachsen	2660,47	2440,00	−220
Berlin	1723,21	1606,35	−117
Rheinland-Pfalz	1253,09	1158,85	−94
Schleswig-Holstein	921,83	842,64	−79

Bremen	278,18	245,66	−33
Brandenburg	985,70	954,86	−31
Saarland	334,15	309,33	−25
Hamburg	945,00	925,30	−20
Sachsen-Anhalt	727,66	714,10	−14
Mecklenburg-Vorpommern	584,64	577,64	−7
Sachsen	1388,00	1402,00	+14
Thüringen	752,27	753,84	+2
Summe	27 735,20	25 803,63	−1942

Eine aktuellere Berechnung lag zum Zeitpunkt dieses Buches noch nicht vor. Gleichwohl kann allein wegen der begrüßenswerten Gesetzesneuerungen zur Vermögensbeschlagnahme von einem noch größeren Personalbedarf ausgegangen werden. Jedenfalls weist schon das Ergebnis für das Jahr 2017 einen bundesweiten Fehlbestand von 1942 Richtern und Staatsanwälten auf, der ganz offenbar nicht kompensiert werden kann! Wie dann noch die drohende Lücke von fast 12 000 altersbedingt aus dem Dienst scheidenden Kräften geschlossen werden soll, ist ein Rätsel.

Vereinzelt wird die Personallage von politisch Verantwortlichen unverblümt angesprochen. So hat die seit Ende 2019 als brandenburgische Justizministerin tätige Susanne Hoffmann (CDU) im Rechtsausschuss des dortigen Landtags bekundet, dass den 746 Richterinnen und Richtern ein Personalbedarf von 850 gegenüberstehe.[27] Oder, um es weniger wohlklingend zu beschreiben: Es fehlten in Brandenburg 104 Richterinnen und Richter. Zudem räumte Susanne Hoffmann ein, in den nächsten zehn Jahren bräuchte es mindestens dreißig Neueinstellungen pro Jahr, um die Löcher in der Personaldecke bei Richter- und Staatsanwaltschaft zu stopfen.

Ich selbst habe mehrfach und öffentlich die personellen Verhältnisse in der Strafverfolgung mit einer zu kurzen Decke im Bett verglichen. Ist sie nämlich nicht lang genug, wird sie nie den ganzen Körper wärmen können. Man mag sie in die eine oder andere Richtung ziehen, doch werden dann zwangsläufig andere Stellen unbedeckt bleiben. In jedem Fall ist man mit einer zu kurzen Decke nicht in der Lage, sich vollständig zu wärmen. Mit anderen Worten: Mit zu wenigen Bediensteten kann die Justiz die ihr gesetzlich gestellten Aufgaben nicht erfüllen. Sie ist bereits jetzt an einer kritischen Grenze angelangt, die sie in absehbarer Zeit mit Schwung reißen wird.

Zwar wurden seit 2017 in einigen Bundesländern bereits zusätzliche Stellen für Richter und Staatsanwälte geschaffen. Doch sie adäquat und zeitnah zu besetzen, um die derzeitigen Lücken zu schließen, entpuppt sich als schwierig. Frisch examinierten Juristinnen und Juristen fehlt es – wie bereits erwähnt – noch an Routine und wichtigen Erfahrungswerten. Und außerdem hat die Justiz tatsächlich ein Nachwuchsproblem.

Traumkarriere beim Staat?

Schon seit Längerem sind die einstellenden Behörden des Justizapparats mit dem Problem der unzureichenden Attraktivität des staatsanwaltschaftlichen und richterlichen Berufs konfrontiert. Eine Entwicklung, die überraschen mag, galt das Jurastudium doch über Jahrzehnte – neben Medizin und Betriebswirtschaft – als Traumstudium vieler Abiturienten. Derzeit interessieren sich jedoch im Schnitt nur noch 7 Prozent eines Abiturjahrgangs für den Studiengang Jura. Seit 2001 ist die Zahl der Studierenden um 30 Prozent zurückgegangen. Hinzu kommt, dass die Möglichkeiten, die sich mit der Einführung von Bachelor- und Masterstudiengängen ergeben haben, dafür sorgen, dass rund 30 Prozent der Studentinnen und Studenten keine Volljuristen mehr werden. 2018 legten rund 9300 Studierende erfolgreich das erste Staatsexamen ab. 1999 waren es noch über 12 000 gewesen.[28] Beim zweiten Staatsexamen sank die Zahl noch deutlicher: von 10 710 auf 7829. Viele Studierende sparen sich diese Schleife, weil ihnen auch ohne zweites Staatsexamen alle Wege offenstehen – jenseits des Staatsdienstes.

Die Notenskala im juristischen Studienweg umfasst die Stufen

- ungenügend   (0 Punkte),
- mangelhaft   (1–3 Punkte),
- ausreichend   (4–6 Punkte),
- befriedigend   (7–9 Punkte),

- vollbefriedigend   (10–12 Punkte),
- gut   (13–15 Punkte),
- sehr gut   (16–18 Punkte).

Nimmt die Zahl der Absolventen ab, sinkt naturgemäß auch die Zahl derjenigen, die beide Examina mit Prädikat ablegen, also mindestens mit »Vollbefriedigend«. Diese Marke war vormals grundsätzlich zu treffen, wollte man in den Staatsdienst eintreten. Nach der derzeit aktuellsten Veröffentlichung des Bundesamtes für Justiz ergaben sich für die Juristenausbildung im Jahr 2018 folgende Ergebnisse[29]:

Erste Juristische Prüfung:

Kandidaten	Ergebnis »Vollbefriedigend«	Anteil in Prozent
9338	2648	28,4

Zweite Juristische Staatsprüfung:

Kandidaten	Ergebnis »Vollbefriedigend«	Anteil in Prozent
8974	1561	17,4

Selbst wenn sich all diese Prädikatsjuristen und -juristinnen für den Staatsdienst entscheiden würden, könnten sie nicht einmal das derzeitige Personaldefizit ausgleichen.

Es steht außer Frage, dass die Justiz sich um die bestmöglichen Kräfte für den Staats- und Richterdienst bemühen muss. Die Besonderheiten dieses Berufs, der die Verantwortlichen zu teils schwerwiegenden Eingriffen in das Leben einzelner Menschen befugt, verlangen höchstmögliche Qualität. Es muss sichergestellt sein, dass der Nachwuchs in rechtlicher Hinsicht anspruchsvolle Sachverhalte bewältigen kann. Ein guter Richter oder Staatsanwalt muss aber noch über andere Qualitäten verfügen: zum Beispiel über ein hohes Maß an sozialer Kompetenz.

Bislang wurden die Qualitäten eines Bewerbers im ersten Schritt an den Examensnoten gemessen. Mit anderen Worten: Wer diese Hürde nicht zu nehmen vermochte, hatte keine Chance auf eine Übernahme in den Staatsdienst. In Einzelfällen führte das in der Vergangenheit in Berlin zu dem wenigstens fragwürdigen Ergebnis, dass Bewerber, die die Notenanforderungen rein mathematisch nur um Stellen hinter dem Komma verfehlten, nicht einmal zu Auswahlgesprächen eingeladen wurden.

Natürlich kommt den Noten der Staatsexamina eine hohe Aussagekraft zu; allerdings muss man sich die Fragen stellen:

- Garantieren beste Examensergebnisse die größte Qualifikation für den richterlichen und staatsanwaltschaftlichen Dienst?
- Lassen unterhalb der Anforderungen liegende Noten demgegenüber auf eine unzureichende Qualifikation schließen?

Beide Fragen können mit einem eindeutigen »Nein« beantwortet werden. Das belegen auch meine persönlichen Erfahrungen: Ich selbst hätte meinen Traumberuf Staatsanwalt nie ergreifen können, wenn nicht am 9. November 1989 die innerdeutsche Grenze gefallen und dadurch im quasi über Nacht wiedervereinigten Berlin ein ganz erheblicher Personalbedarf entstanden wäre. Nach meiner vorangegangenen vergeblichen Bewerbung hatte ich zunächst als Rechtsanwalt und dann in der Rechtsabteilung der Landesbank Berlin gearbeitet. Nun trat mit einem Mal die Senatsverwaltung für Justiz – in anderen Bundesländern dem Justizministerium entsprechend – an mich heran; ob ich nicht bitte nun doch in den Staatsdienst wechseln wolle? Nach einem kleinen Umweg nahm ich also tatsächlich den Dienst dort auf. Zu meiner Überraschung traf ich bei der Generalstaatsanwaltschaft Berlin auf einen renommierten Leitenden Oberstaatsanwalt, der mir erzählte, dieselben Examensnoten wie ich erzielt zu haben. Nicht nur dieser Kollege ist ein signifikantes Beispiel dafür, sich bei der Einstellung von jungen Juristinnen und Juristen nicht nur von den bloßen Examensergebnissen leiten zu lassen. Neben den persönlichen Eindrücken aus den Bewerbungsgesprächen stehen den zuständigen Behörden weitere Erkenntnisquellen zur Verfügung. So können nämlich auch aus vorhergehenden Arbeitsverhältnissen und dort erteilten Beurteilungen wertvolle Rückschlüsse auf die fachliche wie menschliche Qualifikation der Bewerbenden gezogen werden. Entsprechendes gilt für die Zeugnisse aus der Zeit des Referendariats, das dem zweiten Staatsexamen vorausgeht.

Auch die Rücksprache mit den Ausbildenden dort könnte zielführende Antworten auf entscheidende Fragen ermöglichen. Darüber hinaus lohnt der Blick auf sonstige Aktivitäten und Erfahrungen der Bewerberinnen und Bewerber, die diese außerhalb des Berufslebens gesammelt haben und die für die angestrebte Tätigkeit von maßgeblicher Bedeutung sein können. Denn neben den fachspezifischen Kenntnissen, die sich in den Examensnoten niederschlagen, kommt es selbstverständlich auch auf die sozialen Kompetenzen an, die in verschiedenen Bereichen außerhalb des Berufslebens (z. B. in Vereinen, Verbänden, Organisationen und anderen Einrichtungen) erworben werden können.

Im Laufe meines nun fast drei Jahrzehnte währenden Berufslebens, das mir aufschlussreiche Einblicke in die verschiedensten Tätigkeitsfelder und Bereiche des Justizapparats ermöglichte, hat sich die Einschätzung verfestigt, dass die Note allein also noch kein Gradmesser ist, was die Qualität eines Juristen/einer Juristin angeht. Dennoch spielt sie nach wie vor eine große Rolle, wenngleich in einigen Bundesländern die Lage inzwischen so angespannt ist, dass die lange in Stein gemeißelten Einstellungskriterien des doppelten Prädikatsexamens abgesenkt wurden. Eine Maßnahme, deren Notwendigkeit sich abgezeichnet hat. So haben die zuständigen Stellen verschiedener Bundesländer (z. B. Nordrhein-Westfalen, Bremen, Berlin, Niedersachsen, Rheinland-Pfalz und Bayern) mittlerweile von den strengen Anforderungen von zwei Prädikatsexamina Abstand genommen.[30] Einige Justizministerien, etwa das von Mecklenburg-Vorpommern, werben sogar mit bundesweit geschalteten Imagekampagnen um den dringend benötigten Nachwuchs: Als Richter oder Staatsanwalt »genießen Sie vom ersten Tag Ihrer Tätigkeit an Verantwortung, entscheiden nach Gesetz und Recht – und nicht geleitet von Mandanten- oder Arbeitgeberinteressen.«[31] Ob die Verantwortung, die in der Tat immens ist, eine größere Verlockung darstellt als die (nicht nur) monetären Verheißungen in den Rechtsabteilungen großer Konzerne oder Kanzleien, sei dahingestellt.

Und hier wären wir bei einem weiteren wichtigen Aspekt angelangt, warum der Staat oft das Nachsehen hat. Potenzielle Bewerberinnen und Bewerber mit überdurchschnittlich guten Examensergebnissen oder anderen herausragenden Eigenschaften wenden sich aufgrund der großen Unterschiede zwischen der Besoldung im Staatsdienst und den Einkommen in großen nationalen und internationalen Rechtsanwaltskanzleien oder Wirtschaftsunternehmen eben jenen zu. Man kann es ihnen nicht verdenken. Ein Berufseinsteiger im Staatsdienst erhält im bundesweiten Schnitt rund 48 000 Euro brutto pro Jahr (Spitzenreiter Bayern zahlt monatlich 4400 Euro, Schlusslicht Saarland 3500). In einem Wirtschaftsunternehmen sind es im Schnitt 87 000 Euro und in einer Großkanzlei bis zu deutlich über 100 000 Euro. Aber auch von den Arbeitsbedingungen, dazu später mehr, schneidet der Staatsdienst im Vergleich schlechter ab.

Bei denjenigen, die sich dennoch für diesen Weg entscheiden, führt die Besoldungslücke zwischen den einzelnen Bundesländern dazu, dass zwischen Flensburg und Garmisch-Partenkirchen ein ungleicher Kampf um die besten Kräfte geführt wird. Zumal diese Lücke auch bestehen bleibt, wenn Richter und Staatsanwälte höchste Positionen bekleiden. Und dies, obwohl alle Kolleginnen und Kollegen in der Richter- und Staatsanwaltschaft deutschlandweit

- bei identischer Ausbildung
- im selben Umfang
- identische Tätigkeiten
- mit denselben Anforderungen
- bei vergleichbaren Schwierigkeiten
- unter hoher Belastung und
- großem dienstlichem wie persönlichem Druck

ausüben. Auch auf diese Weise trägt die unterschiedliche finanzielle Ausstattung der einzelnen Länder dazu bei, den Justizapparat zu schwächen.

Nur »Überzeugungstäter« halten durch

Gebraucht werden also diejenigen, die eine so große Leidenschaft für ihren zukünftigen Beruf mitbringen, dass sie über die eklatante Gehaltslücke hinwegsehen. Manch einer erliegt aber auch später noch den finanziellen Verlockungen außerhalb des öffentlichen Dienstes, denn eine nicht unerhebliche Zahl begräbt ihre Gedanken an den Dienst bei der Justiz bereits während des Referendariats.

Das zweijährige Referendariat schließt sich an das erste Staatsexamen an und umfasst jeweils für einige Monate die

Stationen des bürgerlichen Rechts, des Straf- und Verwaltungsrechts sowie die Anwaltschaft; diese Ausbildungszeiten dienen der Orientierung, bevor man sich zur Vertiefung vor dem zweiten juristischen Staatsexamen einer gewählten Station verschreibt. Ich selbst habe während meiner Referendarzeit bei der Staatsanwaltschaft den festen Entschluss gefasst, dort nach dem zweiten Staatsexamen zu arbeiten. Darin bestärkten mich ganz unterschiedliche Eindrücke. Die dortigen Dezernentinnen und Dezernenten gingen trotz der damals schon hohen Arbeitslast mit fachlicher wie menschlicher Kompetenz ihrer Tätigkeit nach, die nicht von blindem Verfolgungseifer, sondern von dem erforderlichen Augenmaß geprägt war, das in der Strafverfolgung geboten ist. Außerdem stand für mich spätestens seit meiner dortigen Ausbildung fest, mich in diesen Dienst an der Gerechtigkeit einbringen zu wollen. Mit all den vom Gesetz eröffneten Möglichkeiten wollte auch ich mich der rechtsstaatlichen Verfolgung von Straftaten und Beschuldigten widmen. Die hierarchische Gliederung der Behörde und selbst ihre Weisungsgebundenheit gegenüber der Senatsverwaltung für Justiz, Verbraucherschutz und Antidiskriminierung haben mich nie befremdet. Darüber hinaus entsprachen die formalisierten Dienstabläufe meinen Vorstellungen von der Arbeit.

Tatsächlich unterscheidet sich die staatsanwaltschaftliche Tätigkeit wesentlich von der vermeintlichen Wirklichkeit, die manche Fernsehreihe vermittelt. Der Großteil der Arbeit in der Staatsanwaltschaft besteht nämlich aus der intensiven Lektüre umfangreicher Akten, der eingehenden und auf verschiedenen Medien fußenden Prüfung teils sehr schwieriger

Rechtslagen, dem Verfassen ausführlicher Vermerke, Verfügungen, Anklagen, Antragsschriften und anderer wesentlicher Schriftstücke. Außerdem aus der regelmäßigen Sitzungsvertretung in Hauptverhandlungen, wiederholten Beschuldigten- und Zeugenvernehmungen, Gesprächen mit Vorgesetzten, der Verteidigung und Polizeibediensteten, der Ausbildung von Referendarinnen und Referendaren und vielem anderen mehr. All das hat meinen Berufswunsch seinerzeit nicht beeinträchtigt, sondern beflügelt. Meine Examensnoten waren zwar nicht schlecht, letztlich aber zunächst eben nicht gut genug, um das Interesse der Berliner Justiz an mir zu wecken.

Schon während ihrer ersten Zeit bekommen die Assessorinnen und Assessoren mittlerweile sehr schnell einen Vorgeschmack auf den Alltag in der Justiz: Die Arbeitsbelastung ist enorm hoch, 60 bis 70 Stunden pro Woche sind keineswegs unüblich. Und obwohl eigentlich eine intensive Begleitung des juristischen Nachwuchses notwendig wäre, um die neuen Kräfte an ihre Aufgaben heranzuführen, kann er vielerorts ob der sonstigen Belastungen des Kollegiums nur stiefmütterlich betreut werden. Denn die Betreffenden, denen er in den Abteilungen zur Ausbildung zugeteilt wird, sind bereits mit ihren eigenen Dezernaten und sonstigen Aufgaben massiv überlastet.

Was die Zuteilung angeht, machen die neuen Kolleginnen und Kollegen eine Erfahrung, die sich in ihrem Alltag als Staatsbedienstete wiederholen wird: die Tatsache, dass Mängel verwaltet, aber nicht dauerhaft behoben werden – indem Löcher provisorisch gestopft werden. Richter auf

Probe zum Beispiel kommen oft dort zum Einsatz, wo gerade kein erfahrener Kollege zur Verfügung steht. Auch sie müssen mehrere Stationen durchlaufen, wobei sie keinen Einfluss auf mögliche Umsetzungen haben, weder bezogen auf den Ort noch auf die fachliche Ausrichtung. Eine junge Kollegin, deren Leidenschaft beispielsweise dem Familienrecht gilt, kann sich so unversehens im Dezernat für Baurecht wiederfinden. Man muss schon Überzeugungstäter sein, um sich mit diesen widrigen Umständen arrangieren zu können und nicht bereits in dieser Ausbildungsphase das Handtuch zu werfen.

Mängelverwaltung zulasten des Rechtsstaats

Bevor ich meinen Traumberuf ergreifen durfte, war ich, wie gesagt, ein knappes Jahr als Rechtsanwalt in einer Kanzlei am Berliner Kurfürstendamm und anschließend für rund neun Monate als Jurist in der Landesbank Berlin tätig. Insbesondere bei der Bank kam ich – neben einem sehr guten Gehalt – in den Genuss eines hervorragenden Arbeitsklimas. Die Räumlichkeiten waren großzügig und ansprechend gestaltet, die Büros gut ausgestattet, es fehlte an nichts. Hatte jemand spezielle Wünsche, wurde diesen im Rahmen der Möglichkeiten entsprochen. Mir fiel daher der Abschied von der Bank und dem Kreis der Kollegen nicht leicht, aber es lockte schließlich der Traumberuf.

Am 2. September 1991 trat ich die lang ersehnte Stelle bei der Staatsanwaltschaft an. Der Auftakt meines Behördendaseins wartete indes gleich mit ersten Überraschungen auf. In den Vorgesprächen hatte ich den Wunsch geäußert, in einer der sogenannten Ausbildungsabteilungen zu arbeiten. Das sind Bereiche, in denen frischgebackene Staatsanwältinnen und Staatsanwälte besonders intensiv mit den Anforderungen ihres Berufs vertraut gemacht werden. Alternativ, so hatte ich erklärt, könne ich mir auch einen Auftakt in einem Bereich vorstellen, in dem ich nicht gleich mit Straftaten zu tun hätte, die in den Bereich von Spezialabteilungen fallen. Doch genau das war der Fall. Ich wurde in der Abteilung für »Umwelt- und Wirtschaftskriminalität« eingesetzt. Für mich war das ein gehöriger Stoß ins kalte Wasser. Aber so ist nun einmal die Wirklichkeit in der Justiz: Zuteilungen zu bestimmten Abteilungen erfolgen nicht nach Wünschen, nicht einmal nach Kenntnisstand und Fähigkeiten, sondern schlicht nach Bedarf.

Für mich hieß das, dass ich mich fortan mit unzähligen Strafbefehlen wegen »umweltgefährdender Abfallbeseitigung« befasste. Dahinter verbarg sich nichts anderes als der seinerzeit weitverbreitete eigenhändige Ölwechsel an einem Kraftfahrzeug auf öffentlichen Straßen, bei dem eine begründete Gefahr für das Grundwasser durch unkontrolliert auslaufendes Öl bestand. Eine solche Umweltgefährdung wurde in der Regel mit einer Geldstrafe von dreißig Tagessätzen, also einem Netto-Monatsgehalt, geahndet.

Nach gut drei Monaten suchte ich frustriert das Gespräch mit dem damaligen Behördenleiter. Denn ich wusste, in diesem Deliktbereich, dessen Bedeutsamkeit ich keineswegs verkenne, würde ich meine Erfüllung nicht finden können. Das Leben ist kein Wunschkonzert, das Berufsleben erst recht nicht – dessen war ich mir sehr wohl bewusst. Aber ich fühlte mich in meiner Leidenschaft und meinem Engagement empfindlich ausgebremst. Zu meiner großen Freude war mein Gespräch von Erfolg gekrönt. Denn nur einige Stunden danach meldete sich der Generalstaatsanwalt persönlich bei mir: In wenigen Wochen würde ich in eine andere Abteilung umgesetzt, die unter anderem für sogenannte Rohheitsdelikte von Erwachsenen zuständig war. Für mich war das wie ein Sechser im Lotto!

Natürlich muss es im Ermessen von Behördenleitungen liegen, aus sachlichen Gründen personelle Umsetzungen vorzunehmen. Und natürlich wird es immer Abteilungen geben, die begehrter sind als andere. Gleichwohl ist es angeraten, auch den Befähigungen und den daran anknüpfenden Vorstellungen der Bediensteten Rechnung zu tragen. Die Realität ist eine andere: Staatsanwältinnen und Staatsanwälte finden – teils gegen ihren erklärten Willen – in Abteilungen Verwendung, für die es ihnen zum einen an der erforderlichen Motivation fehlt und zum anderen – und das wiegt letztlich schwerer – an der benötigten Qualifizierung. So können durchaus Zweifel an der Eignung aufkommen, wenn ein Kollege/eine Kollegin der Abteilung Steuerstraftaten zugewiesen wird und der einzige Berührungspunkt zu dieser Materie in der eigenen Steuererklärung besteht! Dieses Beispiel ist keineswegs aus der Luft gegriffen, sondern bittere Realität an deutschen Gerichten. Und in der Staatsanwaltschaft Berlin.

Man könnte nun einwerfen, dass sich die erforderlichen Fähigkeiten für ein bislang unvertrautes Strafrechtsgebiet durch eine geeignete Fortbildung erlangen ließen. Davon abgesehen, dass solche Fortbildungen meist nicht regelmäßig angeboten werden, sondern ein hohes Maß an Eigeninitiative erfordern (und Zeit, die nicht zur Verfügung steht), muss man die Frage stellen, ob sich damit wirklich das hohe Niveau erreichen lässt, das nötig ist, um den Anforderungen an den Rechtsstaat gerecht zu werden. Meine Erfahrung lehrt, dass ausgewiesene Spezialisten durch Fortbildungen allein nicht zu generieren sind.

Um es zu wiederholen: Es werden sich für jede Leitung einer Staatsanwaltschaft vielfach Situationen ergeben, die bei der Besetzung bestimmter Dezernate für Wünsche der Betroffenen keinen Raum lassen. Wer in die Beamtenschaft eintritt, muss sich dessen bewusst sein. Gleichwohl sind die Verantwortlichen gehalten, bei ihren personellen Entscheidungen dem Rechtsstaat dienliche Maßstäbe anzulegen. Doch daran fehlt es immer wieder. Stattdessen wird ein Loch gestopft, indem man woanders ein neues reißt.

Dazu ein kleines Beispiel: Zum 1. Juni 2006 trat ein neuer Oberstaatsanwalt seinen Dienst an der Spitze der Staatsanwaltschaft Berlin an; der neue Leiter der größten Strafverfolgungsbehörde Deutschlands war zuvor Leiter der Hamburger Justizvollzugsanstalt Fuhlsbüttel gewesen. Unter seiner Ägide erlebten die personellen Umsetzungen und strukturellen Veränderungen traurige Höhepunkte. So wurde unter anderem die für Verkehrsdelikte zuständige Abteilung der Staatsanwaltschaft aufgelöst und deren Auf-

gaben dann den allgemeinen Abteilungen übertragen, obwohl es nicht umsonst Experten und insbesondere Fach-
anwälte für Verkehrsrecht gibt. Entsprechendes galt für
Abteilungen beim Amtsgericht Tiergarten und den für Ver-
kehrssachen zuständigen 4. Senat beim Bundesgerichtshof.
Doch die Bedenken von Richtern, Staatsanwälten und selbst
der Anwaltschaft liefen ins Leere. In Einzelfällen können
solche Umsetzungen zulasten der Beschuldigten gehen, ganz
sicher aber gehen sie immer zulasten des Rechtsstaats.

In den vergangenen Jahrzehnten habe ich eine Vielzahl
von personellen Umsetzungen erlebt, die allein aus fachli-
chen Gründen nicht angezeigt waren. Stattdessen ging es
darum, kurzfristig Brandherde zu löschen. Die eigentliche
Ursache aber, der eklatante Personalmangel, konnte damit
nicht bekämpft werden.

Hinzu kommt eine weitere Besonderheit, die nicht immer
dazu beiträgt, das notwendige hohe Niveau im Justizapparat zu sichern. Ich meine das sogenannte Rotationsprinzip.
Es sieht vor, Bedienstete – auch gegen ihren erklärten Willen – nach etwa fünf Jahren von einer Abteilung in eine
andere wechseln zu lassen. Begründet wird diese Maßnahme
mit der Erweiterung des Erfahrungshorizonts.

In der Theorie mag das ein wünschenswerter Schritt sein.
In der Praxis jedoch zeigt sich, dass die Lücken, die dadurch
in den betroffenen Abteilungen entstehen, nicht ansatzweise
durch die nachrückenden Kräfte geschlossen werden können. Das gilt insbesondere für Spezialabteilungen im Bereich
der Organisierten Kriminalität, der Wirtschaftskriminalität,
der Vermögensabschöpfung, der Steuer-, Sexual- und Tö-

tungsdelikte. Diese Arbeitsfelder erfordern nicht nur fundierte Kenntnisse zu Personen- und Beschuldigtenkreisen, sondern Erfahrung im Umgang mit den teils sehr komplexen Rechtsfragen. Diese Kompetenzen leichtfertig zu verspielen, ist aus meiner Sicht wenigstens fahrlässig.

Damit Sie sich ein Bild machen können von den Auswirkungen dieses Rotationsprinzips, gestatten Sie mir folgenden – zugegeben leicht hinkenden – Vergleich: Stellen Sie sich vor, in einem Krankenhaus würde einem Gynäkologen nach fünfjähriger erfolgreicher Arbeit ein neues Tätigkeitsfeld als Hals-, Nasen- und Ohrenarzt zugewiesen. Und zwar mit der Begründung, er habe doch Medizin studiert und außerdem beträfe die neue Tätigkeit doch ebenfalls Körperöffnungen – nur eben an anderen Stellen. Was meinen Sie: Würden Sie bei bedeutsamen gesundheitlichen Problemen diesen »zwangsumgesetzten« Mediziner konsultieren? Ich vermute eher nicht.

Gerade in so einem sensiblen und hochkomplexen Bereich wie der Justiz führt das Rotationsprinzip dazu, dass aus Spezialisten Zwangsgeneralisten werden. Wenn jemand die Abteilung wechseln will und die Qualifikation nicht dagegenspricht – wunderbar. Jemanden aber gegen seinen Willen zu verpflanzen, wird sicher nicht zur gewünschten Qualität seiner Arbeit führen. Ich kann Ihnen von einer ganzen Reihe beklagenswerter Entwicklungen bei eigentlich höchst motivierten Kolleginnen und Kollegen berichten, die nach ihrer Zwangsumsetzung in Resignation, Frustration, Lethargie, Demotivation oder Verbitterung verfallen sind. Nichts davon ist hinnehmbar, jeder einzelne Gemütszustand aber geeignet, die Funktionsfähigkeit des Rechtsstaats zu schwächen.

Zeitraubende Zusatzaufgaben verzögern die Sacharbeit

Es gibt noch weitere Gründe, warum die Stimmung unter den Beschäftigten des Justizapparates so schlecht ist: Die Arbeitsbelastung hat im Laufe der Jahre immer mehr zugenommen, und das hängt nicht allein mit der dünnen Personaldecke zusammen. Es müssen nicht nur immer komplexere Fälle in immer kürzerer Zeit bewältigt werden (dazu später mehr), sondern es landen auch immer mehr Arbeiten auf den Schreibtischen von Richtern und Staatsanwälten, die früher von anderen erledigt wurden.

In den ersten Jahren meines Dienstlebens standen beispielsweise in ausreichender Zahl Wachtmeisterinnen und Wachtmeister zur Verfügung, die bei der Staatsanwaltschaft unter anderem zweimal täglich die zu bearbeitenden Akten brachten und sie später wieder abholten. Insbesondere galt das für die Beförderung als »eilig« geltender Akten; auf entsprechende Verfügung – »durch besonderen Wachtmeister« lautete sie damals – wurden die Unterlagen umgehend von einer Stelle zur anderen gebracht. Und heute?

Heute holt man sich die Aktenstapel eigenhändig von den jeweiligen Geschäftsstellen ab. Wohlgemerkt handelt es sich nur in den wenigsten Fällen um dünne Schnellhefter, die problemlos hin und her getragen werden könnten. Im Laufe meines Dienstlebens haben die Akten und die zugehörigen Gutachten und anderen wichtigen Unterlagen ein enormes Ausmaß angenommen. Diese Aktenberge werden also mehrmals täglich von den Dezernentinnen und Dezernenten hin und her bewegt.

Der Transport beschränkt sich dabei nicht etwa auf die Wege zwischen Dienstzimmer und Geschäftsstelle, sondern umfasst auch deren Überbringung zum bzw. deren Abholung vom Ermittlungsrichter. Dort müssen die erforderlichen Anträge für Durchsuchungsbeschlüsse, Haftbefehle, Telefonüberwachungen, längerfristige Observationen und zahlreiche andere Maßnahmen gestellt werden, für die der Gesetzgeber gerichtliche Beschlüsse verlangt. Gerade in sogenannten Spezialabteilungen – insbesondere zur Verfolgung der Organisierten und politisch motivierten Kriminalität, der Sexual- und Tötungsdelikte – müssen diese Wege regelmäßig vielfach am Tag bewältigt werden. Spötter könnten nun sagen, das sei doch ein ganz gutes Fitnessprogramm, zumal bei den langen Fluren in behördlichen Gebäuden. Die Kolleginnen und Kollegen, die dieses unfreiwillige Fitnessprogramm tagtäglich absolvieren, werden berechtigterweise einwenden, dass die begrenzte Zeit, die sie zur Verfügung haben, sicher sinnvoller genutzt werden könnte als zum Schleppen der Akten – nämlich zum Studium derselben.

Ein ähnliches Bild ergibt sich für die Sitzungsvertretungen bei Strafverfahren. Die seitens der Staatsanwaltschaft für die Hauptverhandlung erforderlichen Akten – in Berlin werden sie als »Bearbeitungsbände« bezeichnet – transportieren die Kolleginnen und Kollegen selbst in den jeweiligen Sitzungssaal. Und der befindet sich, wenn nicht gar in der Außenstelle des hiesigen Amtsgerichts in der Kirchstraße – zumeist in recht großer Entfernung zum eigenen Dienstzimmer. Wir reden hier also oftmals über mehrere Hundert Meter!

Damit Sie mich nicht missverstehen: Gegen die Beförderung von ein paar Unterlagen in einem Aktenkoffer spricht überhaupt nichts. Doch wir reden hier von Unmengen von Akten, die mit kleinen Wagen transportiert werden müssen, wobei sich diese Transporte nicht etwa auf wenige Minuten beschränken, sondern enorme zeitliche Ressourcen binden. Hinzu kommt, dass sich unter uns nicht nur junge und kräftige, sondern auch im Lebensalter fortgeschrittene (siehe z. B. die absehbare Pensionierungswelle), körperlich beeinträchtigte und weibliche Personen befinden, deren Konstitution dafür nicht geeignet ist. Ganz abgesehen davon, dass der Einsatz von Volljuristen für Aktentransporte eine reine Steuerverschwendung ist.

Das, was sich aber tagtäglich auf den Gerichtsfluren abspielt, ist dazu geeignet, die Wahrnehmung der Staatsanwaltschaft als äußerst bedeutsame Repräsentantin des Staates zu beschädigen – in der Öffentlichkeit, bei den Prozessbeteiligten sowie in den Medien. Um es drastisch zu formulieren: Wir laufen Gefahr, nicht oder noch weniger ernst genommen zu werden. Das Bild eines Aktenwagen schiebenden oder Unmengen von Papier schleppenden Amtsträgers auf den öffentlich zugänglichen Behördenfluren sorgt regelmäßig für

Verwunderung, wenn nicht gar Spott, insbesondere bei den Beschuldigten und den Vertretern der Verteidigung.

Zu solchen Reaktionen gibt es weitere Gelegenheiten: Denn wer in Berlin ein Gebäude der Justiz durchstreift, wird mit hoher Wahrscheinlichkeit auch eine Reihe von Volljuristen sehen, die damit beschäftigt sind, relevante Unterlagen eines Falles für den erweiterten verantwortlichen Personenkreis zu vervielfältigen. Die Kopiergeräte, die sie dazu benutzen, befinden sich zum Teil auf Fluren, die der Öffentlichkeit zugänglich sind. Zwar gibt es seit einigen Jahren eigens dafür angestellte Kopierkräfte, doch die reichen bei Weitem nicht aus. Es ist häufig so, dass die Unterlagen eines einzigen Falles zahlreiche Aktenordner füllen, entsprechend zeitraubend ist dann eine solche Tätigkeit. Außerdem sind nicht alle Kopiergeräte auf dem neuesten Stand der Technik. Vor allem fehlen Geräte, die in der Lage sind, in einem einzigen Arbeitsvorgang sowohl Kopien als auch Scans zu fertigen. Denn damit stünden Akten und andere relevante Unterlagen den zunehmend mit Laptops ausgestatteten Sitzungssälen auch elektronisch zur Verfügung. Bis vor Kurzem war der Staatsanwaltschaft Berlin von einem Unternehmen ein solches Gerät vorübergehend zum Gebrauch überlassen worden, doch hat man von einem Erwerb abgesehen. Stand Ende 2020 verfügt die größte Strafverfolgungsbehörde Deutschlands also nach wie vor nicht über diese dringend benötigte technische Unterstützung. Und ihre eigens eingestellten Kopierkräfte sind schlicht außerstande, die immer umfangreichen Aktenbestandteile erst zu kopieren und dann in einem zweiten Schritt zu scannen.

Die gerade geschilderten Zustände sind aber nicht nur eine Verschwendung von Zeit- und Personalressourcen, sondern – und das wiegt viel schwerer – ein Sicherheitsrisiko. Allein schon das ansonsten im Zusammenhang mit der Strafverfolgung unentwegt angestimmte Hohelied des Datenschutzes verbietet es (eigentlich), unbefugten Dritten Akteninhalte zugänglich zu machen. Es ist in höchstem Maße besorgniserregend, dass in brisanten Ermittlungsverfahren – etwa mit angeordneter Untersuchungshaft oder zur Fahndung ausgeschriebenen Personen – Akten neben dem Kopiergerät auf dem Flur liegen! Vorbeigehende Beschuldigte oder deren Verteidiger, Angehörige und Bekannte, Vertreter der Medien oder sonstige Dritte können sich so leicht Dienstgeheimnisse und relevante Details zu einem Verfahren oder Prozess aneignen.

In den letzten Jahren wurde das Tätigkeitsfeld der Staatsanwaltschaften in Berlin aber noch um einen weiteren zeitfressenden Bereich ergänzt; schuld daran war die Auflösung der sogenannten Kanzleien. Mit diesem Begriff wurden Schreibkräfte einer Behörde bezeichnet, die zum Beispiel schriftliche Verfügungen ausführten oder auf Tonträgern befindliche Diktate zu Papier brachten. Diese Arbeitsstruktur mutet heute etwas archaisch an, und natürlich ist die Justiz nicht allein von der Tatsache betroffen, dass Umstrukturierungen oder Sparzwänge neue Abläufe und Arbeitslasten mit sich brachten. Wie Sie aber gleich sehen werden, waren die Kanzleien für die Belange der Strafverfolgung tatsächlich zielführend. Denn Computer allein können ihre Leistung nicht kompensieren.

Heute gibt es diese wichtige Unterstützung nicht mehr, heute verfassen die Dezernentinnen und Dezernenten sämtliche Schriftstücke selbst. Das dauert natürlich erheblich länger, auch wenn ein Teil des jüngeren Kollegiums über bessere PC-Kenntnisse verfügt als meine Generation. Und wenn man bedenkt, wie viele Schriftstücke zu wie vielen Fällen verfasst werden müssen, kann man ermessen, wie zeitraubend diese Arbeit ist.

Zielführend war die Arbeit der Kanzleien auch aus einem weiteren Grund: Beim Diktat von Anklageschriften oder Strafbefehlsentwürfen konnten die Dezernenten Angaben zu Angeschuldigten oder Zeugen in Form von kurzen Verweisen machen. Etwa indem man die Blattzahl benannte, also die betreffenden Fundstellen in den Akten. Entsprechendes galt bei Hinweisen zum sogenannten Rubrum – der Bezeichnung der Strafsache – und dergleichen mehr. Mithilfe dieser kurzen Angaben formulierten die Kanzleikräfte dann eigenständig die benötigte ausführliche Fassung der Eckdaten. Die Staatsanwältinnen und Staatsanwälte konnten sich also ganz auf die Prüfung der ihnen vorgelegten Schriftstücke konzentrieren.

Klagen aus unseren Reihen begegnen die Verantwortlichen gern mit dem Verweis auf moderne Spracherkennungsprogramme. Auch wenn die Technik im Laufe der Zeit Fortschritte gemacht hat, dürfte jeder, der schon einmal mit solchen Programmen gearbeitet hat, leidvoll um ihre Tücken wissen. Für die Berliner Staatsanwaltschaft wurde ein Spracherkennungsprogramm mit dem verheißungsvollen Namen »Dragon« angeschafft, mit dem sowohl Frei-

texte als auch Formularbestandteile diktiert werden können. Das Programm ist auf die Notwendigkeiten der
juristischen Anwendung abgestimmt und bietet gegenüber
der eigenen Schreibleistung Vorteile. Es gibt allerdings auch
Schwierigkeiten bei der Nutzung dieser Software, insbesondere bei der Eingabe von Eigennamen, die – möglicherweise
dem Berliner Justizstandort geschuldet – vielfach nicht dem
deutschen Sprachraum entstammen. Ein Problem, das nicht
nur bei diesem Diktierprogramm auftritt, sondern in ganz
verschiedenen Bereichen der Informationstechnologie (IT),
die das Arbeitsleben erleichtern sollte, es faktisch aber erschwert. Technik, deren Wartung eine ganze Behörde lahm-
legt, ist ein Unding. Und Technik, die nicht vor Zugriffen
geschützt wird, ist ein Sicherheitsrisiko. All das zusammengenommen ist – Alltag in Berlin.

Kapitel 4

Ausstattungsproblem: Wenn Technik zum Risiko wird

»Technik soll die Arbeit erleichtern, nicht aber behindern oder gar gefährden!«

Ein wesentlicher Pfeiler der erfolgreichen Strafverfolgung sind die Bediensteten auf den verschiedenen Ebenen der Justiz. Ohne ihren unermüdlichen Einsatz wäre das gesamte System zum Scheitern verurteilt. Gleichwohl liegt es auf der Hand, dass der technische Fortschritt auch in der Justiz Einzug halten muss, um Arbeitsabläufe zu erleichtern. Ich schreibe bewusst »muss«, denn der technische Fortschritt hat das bisher nur in Teilen getan. Und schon gar nicht hält er Schritt mit den sich beständig wandelnden Anforderungen an unsere Behörde.

Unter dem Begriff »Legal Tech« werden sowohl Software-Programme als auch Online-Dienste zusammengefasst, die der Unterstützung und Erleichterung juristischer Arbeitsprozesse dienen sollen. Das berühmte »A und O« der Technik ist natürlich die Qualität, die sich maßgeblich an der Anwenderfreundlichkeit und der Brauchbarkeit ihrer Ergebnisse misst. Beispielhaft gilt das für die »Mehrländer-Staatsanwaltschafts-Automation« (MESTA). Dieses technische Unterstützungssystem soll das Ausfüllen von Formularen, das Erstellen von Dokumenten und die Verwaltung personenbezogener Daten erleichtern. Eingesetzt wird es seit Längerem im Justizapparat der Bundesländer Brandenburg, Hamburg, Hessen, Mecklenburg-Vorpommern, Nordrhein-Westfalen und Schleswig-Holstein.

Bereits dieser Aufzählung können Sie unschwer entnehmen, dass mit diesem System entweder bevölkerungsärmere Bundesländer oder aber solche mit evident kleineren Staatsanwaltschaften arbeiten. In der Hauptstadt war daher einst geplant, mit einem eigenen System zum technischen Wettlauf anzutreten, das den Berliner Bedürfnissen Rechnung tragen sollte. Hohe Millionenbeträge wurden in ein österreichisches Entwicklungsunternehmen investiert, das die gestellte Aufgabe jedoch nicht meistern konnte. Die ambitionierten Pläne wurden schließlich ad acta gelegt, das System MESTA mit großem Trommelwirbel seitens der politischen Führung im Januar 2012 eingeführt. Nach acht Jahren Nutzung bleibt die wenig überraschende Erkenntnis, dass sich Module, die in kleineren Behörden funktionieren, eben nicht auf die Verhältnisse bei der größten Staatsanwaltschaft Deutschlands übertragen lassen.

Bei ihr fallen nämlich allein wegen der immensen Anzahl der Verfahren und Eingaben riesige Datenmengen an, die das System vor teils unüberwindliche Hindernisse stellt. Der Nutzer hat bei MESTA die Möglichkeit, gegebenenfalls auch phonetisch nach bestimmten Personen zu suchen. Bei nichtdeutschen Namen stößt das System dabei wegen der vielfältigen Schreibweisen schnell an seine Grenzen, aber auch die deutschen Namensklassiker bereiten Probleme: Schmidt und Meier etwa, die es in vielen Schreibvarianten gibt, die sich beim Hörensagen aber kaum voneinander unterscheiden. Ohne weitere präzisierende persönliche Daten kann ein Verfahren nicht oder jedenfalls nicht ohne Weiteres zugeordnet werden. Und genau die fehlen oft. Viele Anzeigen, die bei der Polizei eingehen und später bei der Justiz landen, sind nicht einmal mit der Adresse oder dem Geburtsdatum des Beschuldigten versehen. Gerade im Fall von Personen, die verschiedener Delikte beschuldigt werden, kann es schwerwiegende Konsequenzen haben, wenn das System nicht ohne Weiteres alle gegen sie anhängigen Verfahren offenbart. Im schlimmsten Fall werden deshalb gegen die Beschuldigten weiterhin geführte Ermittlungsverfahren nicht erkannt, sodass unter Umständen deren gebotene Auswertung und Verbindung sowie der mögliche Antrag auf Erlass eines Haftbefehls unterbleibt. So trägt es sich häufig zu, dass gegen vielfach verfolgte Beschuldigte die Ermittlungsverfahren wegen unvollständiger oder im Detail voneinander abweichenden Personendaten nicht konzentriert, sondern nebeneinanderher geführt werden. Davon profitieren insbesondere hartnäckig auffallende Beschuldigte.

Besonders nachteilige Konsequenzen ergeben sich in einem Ermittlungsverfahren, wenn wegen der Besonderheiten in der Tat oder der Person des Beschuldigten ein sogenannter Vollschutz im System MESTA eingetragen wird. Das hat zur Folge, dass neben den Mitgliedern der für das Ermittlungsverfahren zuständigen Abteilung bei der Staatsanwaltschaft allein deren Vorgesetzte sowie die Behördenleitung Zugriff auf das geschützte Verfahren haben. Mit anderen Worten: Allen anderen Dezernentinnen und Dezernenten bleiben die Inhalte verborgen. Ja, es findet sich nicht einmal ein Hinweis auf die Existenz des Verfahrens!

Welche Folgen das haben kann, möchte ich Ihnen gern an einem konkreten Beispiel erläutern. In einer Hauptverhandlung, bei der es um ein Tötungsverbrechen ging, das schon im Vorfeld große mediale Aufmerksamkeit erregt hatte, stand die Vernehmung einer wichtigen Zeugin an. Deshalb überprüfte ich vorab, ob diese eventuell von ihrem Recht auf Auskunftsverweigerung (§ 55 StPO) Gebrauch machen könnte. Die Nachschau in MESTA ergab, dass gegen sie kein – für unsere Strafsache bedeutsames – Verfahren anhängig war. Umso überraschter waren das Gericht und ich, als die Zeugin zur Verhandlung in Begleitung einer Rechtsanwältin erschien, die offenlegte, dass gegen ihre Mandantin ein in möglichen Zusammenhang mit der verhandelten Strafsache stehendes Ermittlungsverfahren geführt wurde. Die Zeugin konnte daher in vollem Umfang ihr Auskunftsverweigerungsrecht wahrnehmen. Das führte dazu, dass diese wichtige Zeugin zur Aufklärung des Sachverhalts nichts beitrug. Weil sie nicht musste. Damit blieben für die Urteilsfindung wesentliche Tatsachen und Umstände ungeklärt.

Ähnlich schwierig gestaltet sich die Feststellung bestimmter Ermittlungsverfahren oder Vorgänge in MESTA, die auf Anzeigen gegen bekannte Personen eingeleitet und angelegt werden. Ein gutes Beispiel dafür ist unsere Bundeskanzlerin Angela Merkel, gegen die von verschiedenen Personen und Kreisen Strafanzeigen wegen unterschiedlicher Vorwürfe erstattet werden. Wir reden hier über Hunderte Eintragungen im System. Lässt nun einer dieser Anzeigenden später weitere Eingaben folgen, müss(t)en diese dem betroffenen Vorgang zugeordnet werden. Da die Kanzlerin aber zumeist nur unter ihrem Familiennamen erfasst wird und keine gezielte Suche nach Delikten möglich ist, sind diese Zuordnungsbemühungen zum Scheitern verurteilt.

Hinzu kommen Probleme, die durch die Pflege der Datenbanken auftreten. Während bei den Staatsanwaltschaften Aktenzeichen vergeben werden, tragen die polizeilichen Vorgänge sogenannte Vorgangsnummern. Wenn der Vorgang an die Staatsanwaltschaft übergeben wird, muss er bei der Polizei im dortigen System als geschlossen verzeichnet werden. Anderenfalls schlägt die automatisierte Datenübertragung zwischen Polizei und Staatsanwaltschaft fehl. Mit der Folge, dass in den Geschäftsstellen bei der Staatsanwaltschaft sämtliche maßgeblichen Daten eines Ermittlungsverfahrens händisch in das System MESTA eingetragen werden müssen. Das ist insbesondere bei umfangreichen Verfahren mit einer Vielzahl von Beschuldigten und Geschädigten und Taten eine außerordentlich aufwendige Arbeit. Technik, die eigentlich das Leben leichter machen sollte, führt so zu einem deutlichen Mehraufwand.

Und es gibt noch weitere Herausforderungen bei der

Pflege der Datenbanken in einer Stadt mit der Größe Berlins. Eigentlich sind die Beschäftigten der jeweiligen Geschäftsstellen gehalten, regelmäßig einen Personenabgleich durchzuführen. Im Idealfall führt das dazu, dass im Datenbestand die aktuelle Adresse einer Person aufgeführt ist. Die traurige Wirklichkeit ist eine andere: Insbesondere bei intensiv auffällig gewordenen Beschuldigten, die häufig den Wohnsitz wechseln, kommen die Geschäftsstellen nicht hinterher, denn zu einer Änderung der Personendaten im System ist nur ein eingegrenzter Kreis befugt. Im Ergebnis stößt man bei einer Vielzahl von Beschuldigten auf eine ebensolche Vielzahl von Anschriften. Die aktuelle herauszufinden, ist dann zumeist Aufgabe der Polizei, die auf diese Mehrarbeit gern verzichten dürfte. Das sind Unzulänglichkeiten, die wertvolle Zeit- und Arbeitsressourcen binden und zum Verdruss der Ermittelnden führen.

Aber auch das System selbst scheint ein Eigenleben zu führen: Mitarbeiter ganz verschiedener Abteilungen haben wiederholt beanstandet, dass in MESTA notierte Fristen tags darauf nicht mehr auffindbar waren. Diese zeitlichen Vorgaben sind enorm wichtig. Sie umfassen beispielsweise auch die gesetzlichen Fristen zur Vorlage von Verfahren beim Oberlandesgericht respektive dem Kammergericht in Berlin, bei denen über eine Verlängerung der Untersuchungshaft über sechs Monate hinaus entschieden werden muss. Die Beachtung dieser Fristen obliegt der Staatsanwaltschaft. Werden sie nicht eingehalten, hat das Versäumnis erhebliche Konsequenzen: nicht nur die Aufhebung eines Haftbefehls.

Entsprechendes gilt für andere Fristen und Eintragungen. Wiederholt beklagen Kolleginnen und Kollegen deren Verschwinden aus dem System. Wenngleich dies nicht immer die Aufhebung eines Haftbefehls zur Folge hat, erschwert es die tägliche Arbeit. Gleiches gilt für die Tatsache, dass es über MESTA zwar möglich ist, Registerauskünfte über Vorstrafen aus verschiedenen anderen Staaten einzuholen, doch geschieht es immer wieder, dass diese Auskünfte nicht abgerufen werden können oder wieder aus dem System verschwinden.

Zudem erweist sich MESTA in einigen sehr bedeutsamen Anwendungsbereichen als schlicht unzureichend. Das gilt besonders für die in Deutschland geltenden gesetzlichen Vorgaben zur Telekommunikationsüberwachung (TKÜ-Maßnahmen). Um hier allen Berichts- und Auskunftspflichten genügen zu können, müssen detaillierte Eingaben gemacht werden, etwa zu Rufnummern, Überwachungszeiträumen und Betroffenen. Die Zeiträume im tatsächlich angeordneten Umfang zu erfassen, ist allerdings unmöglich. Denn entsprechende Differenzierungen – etwa die Erfassung bestimmter Verbindungen nur für wenige Tage – sind im System nicht vorgesehen.

Das ist keine zu vernachlässigende Nebensächlichkeit, sondern bei verdeckten Ermittlungen eine essenzielle Frage. Per Gesetz sind wir zu einer präzisen, wahrheitsgemäßen und jederzeit überprüfbaren Dokumentation verpflichtet. Es kann nicht angehen, dass ein unzulängliches System genau das verhindert.

(Zwangs-)Pause für die Justiz

In einer Behörde sollte die Sicherheit der IT oberstes Gebot sein. Um sie zu gewährleisten, muss die Technik regelmäßig gewartet und mit neuen Updates versehen werden. So weit, so klar. Dass dies bei einer Behörde mit 800 Mitarbeitern, wie hier in Berlin, mit einigem Aufwand verbunden ist, versteht sich von selbst. Allerdings sollte die Funktionsfähigkeit der Behörde während der Wartungsarbeiten so weit wie möglich gewahrt bleibt. Doch das Gegenteil ist der Fall.

Bislang werden alle Mitarbeitenden an jedem zweiten Mittwoch im Monat gezwungen, sämtliche Dienstrechner um 17 Uhr abzuschalten. Erst am darauffolgenden Morgen stehen sie wieder zur Verfügung – wenn alles glatt läuft. Oft genug erstrecken sich die Wartungsarbeiten aber auch über das gesamte Wochenende. Nur ein begrenzter Systemzugang für eilige Angelegenheiten (z. B. Vorführungen zum Antrag auf Erlass oder zur Verkündung eines Haftbefehles) am zuständigen Bereitschaftsgericht steht dann noch zur Verfügung. Das bedeutet, dass in besagtem Zeitraum ein Arbeiten am PC nicht möglich ist, also auf diesem Wege weder Erkenntnisse aus Verfahrensregistern der Staatsanwaltschaften noch Informationen zur Klärung etwaiger Vorstrafen aus dem Bundeszentralregister eingeholt werden können. Außerdem kann man nicht auf das Schreibwerk mit Vordrucken oder eigene gespeicherte Dateien zugreifen und nicht in elektronischen Rechtsprechungsportalen (wie »JURIS« oder »beck-online«) recherchieren. Letzteres ist aber schon allein deshalb recht häufig erforderlich, weil uns nicht fortlaufend die Standardkommentare mit Erläuterungen auch zu den neuesten Gesetzesänderungen zur Verfügung gestellt werden. Aus Kostengründen! Man braucht nicht viel Fantasie, um sich vorzustellen, welche gravierenden Folgen dieser Umstand auf strafprozessuale Maßnahmen haben kann.

Diese bedenkliche Situation ist den vorgesetzten Stellen hinlänglich bekannt. Man äußerte Bedauern, stellte Abhilfe in Aussicht (die bisher nicht erfolgte) und verwies darauf, dass die Größe der IT eine andere Handhabung nicht zuließe. In meiner Funktion als Vorsitzender der Vereinigung Berliner Staatsanwälte e. V. (VBS) habe ich wiederholt darauf hingewiesen, dass solche Systemausfälle in großen Wirtschaftsunternehmen, in Krankenhäusern oder auf Flughäfen nicht vorstellbar seien. Ein Verweis, der mit Achselzucken bedacht wurde.

Eine Antwort immerhin bekamen wir auf unsere Anregung, die Wartungsarbeiten in Zeiträumen durchzuführen, an denen die Behörde nicht oder kaum arbeitet – nachts etwa oder an Wochenenden. Ein Einsatz außerhalb der regulären Arbeitszeit sei den Technikern nicht zuzumuten, wurden wir beschieden. Der Einwand, dass auch bei der Staatsanwaltschaft Berlin Kolleginnen und Kollegen das gesamte Jahr außerhalb der Dienstzeiten Bereitschaftsdienste versehen und in Einzelfällen – wie etwa in der Abteilung für die Verfolgung von Tötungsverbrechen, Geiselnahmen und erpresserischem Menschenraub – rund um die Uhr erreichbar seien, wurde mit der lapidaren Anmerkung gekontert, das bringe die Arbeit in diesen Abteilungen nun einmal mit sich.

Wir verrichten diesen jeweils einwöchigen Bereitschaftsdienst tatsächlich gern. Auch wenn das angesichts der personellen Ausstattung bedeuten kann, dass jeder numerisch sechs Wochen ununterbrochene Rufbereitschaft im Jahr hat – auch in Nächten, an Wochenenden, Feiertagen wie Ostern, Pfingsten, Weihnachten und Silvester. Dass es in diesen Zeiträumen zu aufwendigen Einsätzen kommt, kann ich Ihnen aus eigener jahrelanger Erfahrung bestätigen.

Es sollte hier aber eigentlich um die Frage gehen, ob es sich der Staat leisten kann, wegen Wartungsarbeiten eine systemrelevante Behörde lahmzulegen. Und darum, was das für die Strafverfolgung und die davon betroffenen Personen bedeutet. Die Folgen sind Verzögerungen und ein weiterer eklatanter Rückstau bei der Fallbearbeitung, der so nicht hinnehmbar ist. Bleibt noch anzumerken, dass auch das im Kriminalgericht ansässige Amtsgericht Tiergarten von den regelmäßigen Abschaltungen betroffen ist. Ermittlungsrichter, die u.a. für die Anordnung von Durchsuchungen, richterliche Vernehmungen, TKÜ-Maßnahmen und Haftbefehle zuständig sind, sowie deren Protokollkräfte können in dieser Zeit dann ebenfalls weder auf Datenbestände zurückgreifen noch Arbeiten am PC verrichten.

Hilfreich ist für die Dezernentinnen und Dezernenten der Staatsanwaltschaft immerhin die Ausstattung mit Notebooks, die einen Zugang zu den verschiedenen Datensystemen der Staatsanwaltschaft fernab des Dienstgebäudes ermöglichen würde. Bis vor Kurzem verfügte im operativen Bereich einzig die Abteilung, die in Berlin für die Verfolgung von Tötungsdelikten zuständig ist, über ein solches Gerät.

Nach ewig langen Ankündigungen durften sich Ende des Jahres 2020 nun aber tatsächlich flächendeckend die Abteilungen über die Aushändigung sogenannter getunnelter Notebooks erfreuen, die fernab der Dienstgebäude ein elektronisches Arbeiten ermöglichen. Zahlreiche Abteilungen haben erfreulicherweise sogar mehrere Geräte zur Verfügung gestellt bekommen.

Wenn elektronische Eingaben das System fluten

Während unsere Behörde also in schöner Regelmäßigkeit von den Errungenschaften der Moderne abgekoppelt ist, nutzt die Bevölkerung diese rund um die Uhr. Indem sie reichlich von der politisch hochgelobten Möglichkeit Gebrauch macht, auf elektronischem Wege Strafanzeigen zu erstatten. Diese zeitgemäße Form nutzen nicht nur Menschen, die von ernsten Anliegen getrieben sind, sondern auch solche, die zu allen Tages- und Nachtzeiten und ohne den lästigen Gang zum Briefkasten mit wenig Aufwand die Strafverfolgungsbehörden teils unnötig beschäftigen wollen.

Aber bevor Sie nun meinen, ich sei ein der Technik nicht aufgeschlossener Amtsträger, der die Bürger um ihr Recht bringen will, möchte ich Ihnen beschreiben, welche Auswirkungen diese Möglichkeit in Berlin hat: Strafanzeigen und Eingaben haben nicht nur zahlenmäßig massiv zugenommen, sie enthalten zudem häufig Anhänge von mehreren Hundert Seiten. Auch solche übrigens, die oftmals querulatorischer Natur sind. Von der zentralen Eingangsstelle werden diese Eingaben an die einzelnen Abteilungen weitergesandt, um dort von der jeweiligen Leitung ausgedruckt und schließlich an die zuständigen Dezernenten übergeben zu werden. So lauten die hiesigen Bestimmungen. Die damit betrauten Verantwortlichen dürften zu den bestbezahlten Druckkräften des Landes gehören. Eine Verschwendung von Zeit, Arbeitskraft und Geld.

In Berlin gibt es aber noch ein weiteres Problem mit diesen elektronischen Eingaben: In den umfangreichen Anhängen befinden sich oft farbige Abbildungen von Personen oder Beweismitteln, unsere Drucker sind nur leider nicht für farbige Ausdrucke konfiguriert. Man könnte das ändern, tut es aber nicht, nein, man wagt gleich den großen Aufschlag: Ende des Jahres 2019 wurde der Austausch der alten Drucker angekündigt. Da mit den neuen Geräten ausnahmslos nur Schwarz-Weiß-Ausdrucke gefertigt werden könnten, so der hilfreiche Hinweis der Verantwortlichen, sind die Abteilungsleiter gehalten, Farbausdrucke an anderer Stelle in der Behörde vorzunehmen. Auch so kann man die Strafverfolgung erschweren.

Doch weiter mit den Eingaben. Bevor eine solche Eingabe bei uns landet, hat sie schon einen längeren Weg zurückgelegt, der in der Regel bei der Polizei beginnt. Eine Strafanzeige oder Eingabe wird zunächst von einem Beamten aufgenommen. Anschließend wird sie auf Papier ausgedruckt und zur Eingangsstelle der Amts- oder Staatsanwaltschaft befördert. Dort werden diese Vorgänge von mindestens einer Person sortiert, dann von einem Wachtmeister der zuständigen Abteilung der Staatsanwaltschaft und schließlich der Abteilungsleitung überbracht. Nach Prüfung wird der Vorgang von einer Oberstaatsanwältin oder einem Oberstaatsanwalt ausgezeichnet, also je nach Delikt bestimmt und schließlich einem bestimmten Dezernat übergeben. Ermittlungsakten werden angelegt, die Dezernenten treffen ihrerseits weitere Verfügungen, die wiederum in der Geschäftsstelle ausgeführt werden. Die verfassten Schreiben oder Einstellungsbescheide werden schließlich von der Wachtmeisterei zur Poststelle der Behörde gebracht und an den Absender der Eingabe oder Anzeige zurückgesandt.

Damit aber ist die Sache meist nicht zu Ende. Bestimmte Menschen legen, ungeachtet der behördlichen Begründung, Beschwerde ein. Diese landet auf ähnlichem Weg wieder bei den Dezernentinnen und Dezernenten, die die neuerliche Eingabe nach Prüfung der dienstvorgesetzten Generalstaatsanwaltschaft zur weiteren Veranlassung übersenden. Wo über dortige Wachtmeister die Akten einer dortigen Abteilungsleitung vorgelegt werden, Verfügungen von der dortigen Geschäftsstelle ausgeführt werden, bevor die Akten wiederum an die Ausgangsstelle zurückgesandt und von der dortigen Poststelle an den Petenten abgesandt werden.

Die hier skizzierten Abläufe sollen verdeutlichen, mit welchem Personal- und Kostenaufwand erkennbar sinnfreie Verfahren und Dienstverrichtungen betrieben werden. Die ohnehin in allen Bereichen der Justiz zu dünne Personaldecke wird weiter unnötig strapaziert, finanzielle Ressourcen werden sinnlos eingesetzt – andere sagen »vergeudet«.

Natürlich steht es dem Rechtsstaat nicht zu, den Menschen das Recht auf Strafanzeigen, Rechtsmittel und Einwendungen zu versagen. All diese Möglichkeiten sind gerade Ausdruck unserer rechtsstaatlichen Ordnung, an der zu rütteln sich verbietet. Nur bedeutet das umgekehrt das Recht zu uneingeschränkter Beschäftigung der deutschen Justiz? Die Antwort kann nur ein klares »Nein« sein, wenn es sich dabei um rein querulatorische, bewusst wahrheitswidrige oder böswillige Anzeigen und Eingaben handelt.

Möglichkeiten, diese Eingabeflut einzudämmen, gibt es bereits. So sieht § 469 Absatz 2 StPO für die Fälle leichtfertiger oder vorsätzlicher Erstattung unwahrer Anzeigen vor, dass die Kosten des Gerichtsverfahrens und die Auslagen des Beschuldigten im Falle einer Einstellung des Verfahrens durch die Staatsanwaltschaft dem Anzeigenden auferlegt werden können. Selbst beim Bundesverfassungsgericht gibt es diese Möglichkeit, obwohl nach § 34 Absatz 1 des Gesetzes über das Bundesverfassungsgericht (BVerfGG) die dortigen Verfahren kostenfrei sind. Absatz 2 derselben Vorschrift führt nämlich aus, dass eine Gebühr bis zu 2600 Euro auferlegt werden kann, wenn eine Verfassungsbeschwerde missbräuchlich getätigt wurde.

Was also hindert den Gesetzgeber daran, auch für die missbräuchliche Inanspruchnahme der Staatsanwaltschaften derartige Gebühren zu erheben? Ihre abschreckende Wirkung ist nicht zu unterschätzen. Und die Steuern zahlende Bevölkerung wird es dem Gesetzgeber danken.

Wenn gutes Recht verwehrt wird

Immer wieder gibt es auch gesetzliche Neuerungen, die zumindest die Berliner Staatsanwaltschaft vor tatsächlich nicht lösbare Aufgaben stellen. So hat der Deutsche Bundestag am 5. Juli 2017 ein Gesetz verabschiedet, das anwaltlich nicht vertretenen Beschuldigten einerseits und durch eine Straftat Geschädigten andererseits die Möglichkeit der Einsicht sowohl in die Akten als auch in amtlich verwahrte Beweisstücke eröffnet – nach § 147 Absatz 4 (Beschuldigte) und gemäß § 406e Absatz 3 StPO (Geschädigte). Dass von derartigen Anträgen nicht nur in Ausnahmefällen Gebrauch gemacht wird, lehrt die dienstliche Wirklichkeit. Bei Beschuldigten liegt der Wunsch nach Akteneinsicht auf der Hand. Sie wollen wissen, warum und wie es zu den gegen sie erhobenen Vorwürfen gekommen ist und welchen Fort- oder Ausgang ein Ermittlungsverfahren genommen hat. Geschädigten muss wiederum ermöglicht werden, die sie betreffenden Verfahrensabläufe und -ergebnisse nachvollziehen zu können.

Wird einem solchen Antrag stattgegeben, darf die gewährte Akteneinsicht und die Sichtung von Beweisstücken nur unter Aufsicht erfolgen. Die Akten sind in der Regel umfangreich, die Sachverhalte komplex, die Sprache für den Laien ungewohnt – strafrechtlich nicht bewanderte oder erfahrene Menschen werden für die Lektüre viel Zeit brauchen, während der sie durchgängig beaufsichtigt werden müssen. Bei der Staatsanwaltschaft Berlin scheitert diese gesetzliche Auflage schon allein daran, dass hierfür weder Personal noch Räumlichkeiten zur Verfügung stehen.

Die Räume der Geschäftsstellen scheiden aus, weil dort Dritte Sachverhalte und Personalien aufschnappen könnten, die nicht für ihre Ohren bestimmt sind. Von der räumlichen Beengtheit gar nicht zu reden. Das Wachpersonal der Staatsanwaltschaft, das die Aufsicht theoretisch übernehmen könnte, wurde über die Jahre stark ausgedünnt und hat keine Kapazitäten mehr für derartige Zusatzaufgaben. Bleiben – wie so oft – die Dezernenten der Staatsanwaltschaft selbst. Aber auch hier sind die Diensträume vereinzelt noch doppelt belegt, und damit ist eine ungestörte und vor allem datenschutzrechtlich einwandfreie Akteneinsicht nicht möglich. Und, ich wiederhole mich, die Staatsanwaltschaft agiert ohnehin an der Grenze der Belastbarkeit; ein Dezernent, der möglicherweise über Stunden eine Akteneinsicht beaufsichtigen muss, ist währenddessen an der Erledigung seiner sonstigen Arbeit gehindert. Mit anderen Worten: Dem vom Gesetzgeber als berechtigt anerkannten und normierten Anspruch auf Akteneinsicht durch Beschuldigte und Geschädigte kann bei der Staatsanwaltschaft Berlin tatsächlich nicht entsprochen werden.

Wie aber geht man von vorgesetzter Seite mit diesem unhaltbaren und im Übrigen wohl rechtswidrigen Zustand um? Man verweist auf die Möglichkeit, den betreffenden Personen fotokopierte Auszüge zur Verfügung zu stellen. Ganz abgesehen davon, dass diese Möglichkeit schon lange besteht und selbstverständlich durchgängig genutzt wird, geht es dem Gesetzgeber mit den neuen Paragrafen ja gerade um das Recht auf eine *vollumfängliche* Einsicht.

Wenn nicht einmal die Justiz selbst in der Lage ist, verabschiedete Gesetze in ihren Häusern umzusetzen, muss man sich nicht wundern, wenn der Bürger Recht und Ordnung nicht mehr selbstverständlich mit dem Staatsapparat verbindet.

Der lange Draht ins Ausland

Während Straftäter sich die Globalisierung zunutze machen, Kriminalität zunehmend Ländergrenzen überschreitet oder gleich ganz im virtuellen Raum stattfindet, arbeitet die größte Staatsanwaltschaft des Landes mit Methoden, die an eine Zeit erinnern, da es im Fernsehen nur drei Programme gab. So müssen sich Staatsanwältinnen und Staatsanwälte dienstliche Telefonate ins Ausland bis zum heutigen Tage genehmigen lassen. Denn unterhalb der Stufe einer Abteilungsleitung sind sie zu derartigen Ferngesprächen nicht berechtigt, ja mit ihren Apparaten nicht einmal in der Lage.

Unnötige Zeit und Ressourcen kostet auch die Tatsache, dass sich die Festnetzanrufe in den Dienstzimmern nicht auf ein Mobiltelefon umleiten lassen. Aus Kostengründen. Sollte das bei Ihnen Erstaunen hervorrufen, darf ich Sie mit der zusätzlichen Information überraschen, dass bei der Staatsanwaltschaft Berlin für die Festnetznutzung bislang keine Flatrate, sondern ein anderer Abrechnungsmodus gilt.

Die »gute Nachricht« ist: Zumindest im Bereich der Rechtshilfe müssen wir Dezernenten nicht auf Auslandstelefonate zurückgreifen. Eigentlich wäre es wünschenswert, wenn der Griff zum Telefon genügen würde, um bei den ausländischen Kolleginnen und Kollegen das dringend erforderliche Rechtshilfeersuchen anbringen zu können. Nur in besonders eilbedürftigen Fällen ist dies möglich. Ansonsten gilt – selbst im Bereich der Organisierten Kriminalität, der Sexual- und Tötungsstraftaten: Der in vielerlei Hinsicht aufwendige Weg der Rechtshilfe ist über eine eigens dafür geschaffene Abteilung zu beschreiten. Und nicht selten ist genau das der Anfang vom Ende.

Zwar gibt es in der Theorie Rechtshilfeübereinkommen mit verschiedenen Staaten, doch sie erweisen sich in der Praxis oft als Einbahnstraße. Nachfragen bleiben einfach unbeantwortet, die mit immensem zeitlichem wie finanziellem Aufwand übersetzten Schreiben oder Akten sind angeblich nie eingetroffen und so weiter. Im günstigsten Fall erhält man nach langer Zeit die gewünschten Informationen und die erforderliche Unterstützung. Während Politiker staatenübergreifende Ermittlungen fordern oder sich dessen rühmen, scheitert der Justizapparat bereits in den Niederungen der Ermittlungsarbeit.

Dabei weist eine Vielzahl von Ermittlungsverfahren heutzutage Bezüge zu Beschuldigten, Zeugen oder Ermittlungen im Ausland auf. Beispielhaft sei hier auf unzählige Strafanzeigen wegen Betrugs im Zusammenhang mit Kaufgeschäften über den Online-Marktplatz »eBay« oder andere Portale verwiesen; hier ergaben sich vielfach Hinweise auf Spuren ins Ausland – zum Großteil nach China oder in die Türkei.

Der Rechtshilfeverkehr mit den Ländern der EU erfolgt

noch relativ reibungslos und zügig – unrühmliche Ausnahmen sind Großbritannien (auch schon vor dem Brexit), Frankreich und (außereuropäisch) die USA. Hier ist die Zusammenarbeit deutlich komplizierter und mit größerem Zeitaufwand verbunden, das gilt selbst für Tötungsdelikte. Der kurze Dienstweg, den man im Fernsehen so oft bestaunen kann, ist in der Realität eher die Ausnahme. Und wenn dieser kurze Weg schon innereuropäisch so beschwerlich ist, können Sie sich vorstellen, wie so ein Rechtshilfegesuch mit China ablaufen und vor allem enden würde.

Eigentlich kann ein Ermittlungsverfahren nicht abgeschlossen werden, wenn nicht alle Ermittlungsmöglichkeiten ausgeschöpft sind. Da aber das Beschreiten des Rechtshilfewegs mit dem Ausland so langwierig sein kann und weil dieser Weg häufig weitere Ermittlungen nach sich zieht, hält zunehmend eine »pragmatische Lösung« Einzug in den Behördenalltag: Entgegen der Strafprozessordnung werden derartige Verfahren nämlich ohne das vollumfängliche Ausschöpfen aller Ermittlungsmöglichkeiten nach § 170 Absatz 2 StPO eingestellt. Das mag Sie befremden – und zwar zu Recht.

Die elektronische Akte

Gefühlt ewig schon wartet die Justiz auf die Einführung der elektronischen Akte. Der Bundestag hat am 5. Juli 2017 mit seinem »Gesetz zur Einführung der elektronischen Akten in der Justiz und zur Förderung des elektronischen Rechtsverkehrs« (Bundesgesetzblatt 2017 Teil I Nr. 45, S. 2208 ff.) unter anderem deren verbindliche Einführung zum 1. Januar 2026 beschlossen. Das schien seinerzeit noch lange hin, doch zumindest hier in Berlin bestehen berechtigte Zweifel daran, dass die erforderliche Informationstechnologie, die Hard- und Software, rechtzeitig bereitgestellt werden kann.

In den zurückliegenden Jahren sind zwar erhebliche Mittel in den Ausbau der IT investiert worden. Gleichwohl ist ihr derzeitiger Zustand nicht geeignet, es mit dem Mammutprojekt elektronische Akte aufnehmen zu können. Denn das ist vor allem in technischer Hinsicht eine riesige Herausforderung. Und gerade auf diesem Gebiet ist man in der Hauptstadt bislang jedenfalls nicht durch besondere »Innovationsfreudigkeit« und Gerätschaften auf technisch neuestem Stand aufgefallen. Damit Sie sich ein Bild machen können: Noch bis vor einige Zeit arbeitete die Berliner Staatsanwaltschaft mit dem Betriebssystem Windows 7, Formulare im Programm Word wurden mit der Version des Jahres 2013 bearbeitet.

Und demnächst also die elektronische Akte: Die Anforderungen sind enorm, vor allem hinsichtlich der Größe und Sicherheit des Speicherplatzes. Die Datenmengen werden bislang unbekannte Ausmaße annehmen, hohe Kosten für deren Verwaltung entstehen. Hinzu kommen weitere Kosten, um alle Dezernentinnen und Dezernenten mit Notebooks auszustatten, damit sie auch außerhalb der Dienstgebäude arbeiten können. Systemausfälle durch Wartungsarbeiten zur Unzeit können hier definitiv nicht hingenommen werden.

Schließlich sind bei zahlreichen Verfahren bestimmte Fristen zwingend einzuhalten: Bei einer in Aussicht stehenden Untersuchungshaft beispielsweise ist eine vorläufig festgenommene Person nach § 128 Absatz 1 StPO spätestens am Tage nach der Festnahme dem zuständigen Amtsgericht vorzuführen. Bei umfangreichen Verfahren mit andauernden Ermittlungen kann das ein komplexes Unterfangen sein. Wenn das System gerade in dieser sensiblen Phase des Verfahrens nicht zur Verfügung steht, kann dies zur Folge haben, dass der dringend tatverdächtige Beschuldigte nicht fristgerecht vorgeführt wird – und damit entlassen werden muss. Da diese Frist ungeachtet des Tatvorwurfs gilt, sind im Zweifel auch eines Mordes Beschuldigte in die Freiheit zu entlassen!

Ein Szenario, das mitnichten hypothetischer Natur ist. Selbst während der grauen Vorzeit der elektronischen Akten (also in der Gegenwart) kam und kommt es vor, dass eine derartige Vorführung wegen einer solchen Fristüberschreitung gar nicht erst stattfand und -findet.

Auch im weiteren Verlauf eines Verfahrens sind gesetzliche Fristen zu beachten. Etwa wenn es darum geht, am Oberlandesgericht (in Berlin beim Kammergericht) eine Entscheidung über die Fortdauer der Untersuchungshaft oder deren Verlängerung über sechs Monate hinaus zu erwirken (§§ 121, 122 StPO). Verzögerungen führen auch hier gegebenenfalls zur Aufhebung des Haft- oder Unterbringungsbefehls und damit zu einer Entlassung. Die Öffentlichkeit dürfte auf solche Szenarien mit Entsetzen reagieren.

Oder nehmen wir das Beispiel Telekommunikationsüberwachung – gerade im Bereich schwerwiegender Straftaten ist diese verdeckte Ermittlungsmaßnahme ein wichtiger Punkt auf der Tagesordnung einer Staatsanwaltschaft. Bei »Gefahr im Verzuge« – wenn also die richterliche Anordnung nicht eingeholt werden kann, ohne dass der Zweck der Maßnahme gefährdet wäre – können die Staatsanwälte die Anordnung zwar selbst treffen (§ 100e Absatz 1 Satz 2 StPO), müssen sie indes binnen drei Werktagen vom zuständigen Gericht bestätigen lassen, weil sie anderenfalls außer Kraft träte (§ 100e Absatz 1 Satz 3 StPO). Diesen Ausführungen vermögen Sie die Eilbedürftigkeit wegen der kurzen Fristen zu entnehmen, deren Einhaltung sich schon bisher als teilweise schwierig gestaltet. Übertragen Sie diese Abläufe und gesetzlichen Erfordernisse nun auf die Ära der elektronischen Akten, werden Sie mit mir einer Meinung sein, dass uns dann eine einwandfrei funktionsfähige IT zur Verfügung stehen muss, um desaströse Ereignisse zu vermeiden.

Und zu guter Letzt möchte ich noch an die fristgebundene Einlegung von Rechtsmitteln erinnern. Sowohl sofortige Beschwerden als auch Berufungen und Revisionen sind binnen einer Frist von einer Woche einzulegen (§§ 311 Absatz 2, 314 und 341 StPO). Für die Staatsanwaltschaft besteht die Verpflichtung, schon vor der Einlegung von Rechtsmitteln deren Erfolgsaussichten zu beleuchten. Sollte nun in diesem Zeitraum des Fristenlaufs ein Systemausfall zu beklagen sein, würde die Einlegung dieser Rechtsmittel unter Umständen zu spät erfolgen. Ob und unter welchen Bedingungen eine Wiedereinsetzung in Betracht käme, würde dann zum Gegenstand einer gerichtlichen Prüfung. Wobei der

Antrag auf Wiedereinsetzung ebenfalls innerhalb einer Woche zu stellen ist (§ 45 Absatz 1 StPO).

Will die Verteidigung, Nebenklage oder die Staatsanwaltschaft ihre Revision begründen, muss sie dies innerhalb eines Monats nach Zustellung des Urteils tun (§ 345 Absatz 1 Satz 1 StPO). Nun könnten Sie einwerfen, dass zumindest dieser letzte Punkt systemtechnisch zu meistern sein müsste. Welches System fällt schon mehr als vier Wochen aus? Nun, das System am Berliner Kammergericht. Und zwar bereits zu einer Zeit, da längst noch nicht solche Datenmengen zu stemmen waren, wie das nach Einführung der elektronischen Akte der Fall sein wird.

Angriff auf das Kammergericht Berlin

Bevor ich Ihnen die Details dieser Katastrophe aus dem Herbst 2019 schildere, lassen Sie mich zwei Dinge zur Erklärung vorausschicken: Die Zuständigkeit für Dienstleistungen im Bereich der IT bei der Berliner Amtsanwaltschaft sowie den Staatsanwaltschaften ist im »IT-Dienstleistungszentrum Berlin« (ITDZ) angesiedelt, einer Anstalt des öffentlichen Rechts, die der Senatsverwaltung für Inneres und Sport nachgeordnet ist. Was dazu führt, dass die Staatsanwaltschaften und die Amtsanwaltschaft in Sachen Datensicherheit einerseits nicht autonom agieren können, andererseits aber auch auf gebührende Unterstützung und Kompetenz hoffen können. So weit die Theorie.

Das ITDZ ist der zentrale IT-Dienstleister der Berliner Verwaltung für den Bereich Daten- und Telekommunikation. Für Dienste wie die Speicherung der immensen Datenmengen fallen nicht unerhebliche Kosten an. Diese Datensicherung erfolgt in zwei als hochsicher bezeichneten Rechenzentren des ITDZ, die virtuell wie real rund um die Uhr bewacht werden. Bei einer Sicherheitsprüfung entdeckte das ITDZ am 25. September 2019 im Netz des Kammergerichts das Computervirus »Emotet«, der zwei Monate später, am 24. November 2019, auf der Homepage des Bundesamtes für Sicherheit in der Informationstechnik (BSI) als »eine der größten Bedrohungen durch Schadsoftware weltweit« beschrieben wurde und »auch in Deutschland aktuell hohe Schäden« verursache.[32]

Dieses Virus liest Kontaktdaten und E-Mail-Inhalte aus den Postfächern infizierter Systeme aus, um anhand der so erlangten Informationen das Schadprogramm weiter zu verbreiten. Die Empfänger erhalten E-Mails von vermeintlich bekannten Absendern, die Adressen sind korrekt, die Anrede, die Signatur, auch die Inhalte sehen authentisch aus. All das verleitet zum unbedachten Öffnen des schädlichen Dateianhangs oder des Klicks auf einen in der Nachricht enthaltenen weiterführenden Link.

Als die Mitteilung des ITDZ am Kammergericht eintraf, wurden umgehend sämtliche Rechner der dort arbeitenden 150 Richterinnen und Richter sowie der 370 Justizbediensteten abgeschaltet.[33] Zum Kammergericht Berlin gehörten seinerzeit 28 Zivil- sowie sieben Strafsenate, die neben erstinstanzlichen Verfahren auch in großem Umfang mit Haftsachen betraut sind. Man kann sich unschwer vorstellen, welche gravierenden Auswirkungen diese Maßnahme hatte. Neben Telefonen und Faxgeräten war das Gericht nur über den Postweg erreichbar, und natürlich konnte man auch persönlich vorsprechen.

Die Bediensteten des Kammergerichts bekamen übergangsweise sechzig neue Rechner zur Verfügung gestellt – für 520 Personen. Dass ein Sprecher des Kammergerichts darauf verwies, man könne statt des Internets ja auch die Bibliothek vermehrt nutzen oder bei der Ausfertigung von Formularen Textpassagen ausschneiden, aufkleben und kopieren, zeugt von Galgenhumor oder aber unverzeihlichem Zynismus.

Die Funktionsfähigkeit des Systems selbst war weder im Oktober noch im November noch im Dezember wiederhergestellt. Der Kammergerichtspräsident stellte eine Wiederherstellung für Anfang 2020 in Aussicht. Zugegeben, eine lange Zeit, aber immerhin, so hatte der Berliner Justizsenator versichert, sei es nach seiner Kenntnis nicht zu einem Abfluss von Daten gekommen.

Doch im Januar 2020 wurden wir alle eines Besseren belehrt. Durch einen Artikel im *Tagesspiegel* vom 27. Januar 2020 wurde bekannt, dass bereits am 1. Oktober 2019 ein Unternehmen der Deutschen Telekom beauftragt worden war, ein Gutachten zu dem Vorfall zu erstellen. Es listete schwerwiegende Mängel und Folgen auf. Der Artikel mit der Überschrift »Sensible Daten geklaut – Gutachten zum Virusbefall am Kammergericht korrigiert Aussagen zur Schwere des Vorfalls« offenbarte zudem, dass dieses Gutachten bereits Tage zuvor bei einem Zusammentreffen des Präsidenten des Kammergerichts mit Vertretern von »T-Systems«, Mitarbeitern des ITDZ, der Senatsverwaltung für Inneres und Sport sowie der für Justiz, Verbraucherschutz und Antidiskriminierung erörtert worden war. Und dass der Justizsenator über Vorversionen dieses Gutachtens verfügt habe, die sich im Ergebnis nicht vom endgültigen unterschieden. Aber erst im Zuge des Artikels ergriff der Justizsenator die Gelegenheit, die Mitglieder des Rechtsausschusses im Abgeordnetenhaus von Berlin und die Öffentlichkeit über die »Erkenntnisse zum Emotet-Virus am Berliner Kammergericht« zu unterrichten. Es liegt auf der Hand, dass ein solches Verhalten der politisch Verantwortlichen das Vertrauen der Bürger zu erschüttern vermag und im Widerspruch zur vielfach proklamierten Transparenz als politischer Maxime steht.

In ihrem Gutachten listen die Behörden – neben anderen – diese erschreckenden Erkenntnisse auf:

- die angreifende Person sei »höchstwahrscheinlich in der Lage gewesen«, den »gesamten Datenbestand des Kammergerichts zu exfiltrieren«, also herauszuschleusen;
- die installierte Schadsoftware sei »klar auf Datenabfluss ausgerichtet« gewesen und

dem Kammergericht werde die Empfehlung zu einem »kompletten Neuaufbau der IT-Infrastruktur« gegeben. Letzteres dürften sicher alle Mitarbeiter und Mitarbeiterinnen des Gerichts aus vollem Herzen unterstützen. Wobei die Betonung auf »komplett« liegt. Denn eine weitere häppchenweise Aktualisierung wie beim Betriebssystem Windows 7 könnte weitere Sicherheitslücken offenbaren. Da Microsoft den kostenfreien Support am 14. Januar 2020 beendete, mithin mögliche Sicherheitslücken nicht mehr geschlossen werden könnten, sollte das Betriebssystem in der Berliner Verwaltung und Justiz seit November 2019 eigentlich nicht mehr genutzt werden. Der *Zeit* teilte die Senatsverwaltung für Inneres und Sport auf Nachfrage allerdings mit, dass bis zum genannten Stichtag im Januar 2020 die Umstellung erst bis zu 85 Prozent erfolgt sein werde.[34] Genug Möglichkeiten also für weitere Attacken.

Ob tatsächlich Datenverluste oder gar -manipulationen stattgefunden haben, darüber gibt das Gutachten keine Auskunft. Doch ist es schlimm genug, dass diese Möglichkeit real wenigstens eröffnet war! Eine vollständige Untersuchung des angegriffenen Systems mit all seinen Computern und Servern wäre mit einem hohen finanziellen und zeitlichen Aufwand verbunden. Im Rechtsausschuss des Abgeordnetenhauses Berlin erläuterte Justizsenator Dr. Behrendt, eine solche Untersuchung würde rund zwei Jahre dauern und einen zweistelligen Millionenbetrag kosten. Zwar erklärte er, er »habe eine Offenheit, diesem Gedanken näher zu treten«, räumte jedoch das Risiko ein, »dass wir am Ende nicht viel klüger sind, als wir es zuvor waren«.[35]

Warum schildere ich diesen Angriff und den nachfolgenden Systemausfall beim Kammergericht so ausführlich? Einfach deshalb, weil er dunkle Schatten auf die bevorstehende Einführung der elektronischen Akte wirft. Man mag sich nicht vorstellen, welche Chancen sich für Hacker im reichlich spät kommenden Digitalzeitalter der Justiz ergeben, wenn die Sicherheitsbrandmauern der IT nicht ordentlich funktionieren. Und sollte im Falle eines Angriffs oder aufgrund anderer Probleme das System heruntergefahren werden müssen, ist klar, dass ein ordnungsgemäßes und rechtsstaatskonformes Arbeiten der Behörde schlicht unmöglich wäre.

Der gerade geschilderte Angriff auf das Kammergericht ist übrigens nicht die einzige Auffälligkeit in der Berliner Justiz. So meldete die Generalstaatsanwältin Margarete Koppers der Beauftragten für Datenschutz und Informationsfreiheit im Januar 2020, dass es bei der Staatsanwaltschaft Bediensteten technisch möglich war, auf die Dateien von Kolleginnen und Kollegen zuzugreifen. Dass es sich nach Auskunft eines Sprechers des Berliner Justizsenators um einen »Konfigurationsfehler« gehandelt habe, macht die Sache nicht besser. Denn mit dieser Erklärung wurde letztlich eingeräumt, dass die IT der Staatsanwaltschaft für rechtlich nicht vorgesehene Zugriffe auf schützenswerte Dateien anfällig ist.

Erfahrungen wie am Berliner Kammergericht sind alarmierende Hinweise auf die Gefahr, dass die Justiz wenigstens teilweise lahmgelegt werden kann, wenn sie technisch nicht auf der Höhe der Zeit ist. Und dass es sich hier nicht etwa nur um einen weiteren Beleg für die prekären Berliner Verhältnisse handelt, sondern ähnliche Sicherheitslücken in einer Reihe weiterer Bundesländer festzustellen sind, gibt Anlass zu großer Sorge. Zumal selbst auf Bundesebene Anfang des Jahres 2019 ein spektakulärer Hacker-Angriff zu beklagen war, von dem Hunderte Landes- und Bundespolitiker betroffen und personenbezogene Daten von 14 Bundesministern und 30 Parlamentarischen Staatssekretären und Staatsministern offen im Internet verfügbar waren.[36]

Ende desselben Jahres waren Bürgerämter der Stadt Frankfurt/Main betroffen, in deren Computersystem Schadsoftware festgestellt wurde, die zur Abschaltung der betroffenen Systeme und Schließung von zahlreichen öffentlichen Einrichtungen führte.[37]

Ebenfalls 2019 führten Eingriffe in die IT des Landes Niedersachsen zu einer mehr als einwöchigen Lahmlegung großer Teile der IT-Struktur.[38]

Die Beispiele ließen sich fortführen, doch reichen diese wenigen sicher aus, um die grundsätzliche Gefahr zu beschreiben.

Die Gerichte und Staatsanwaltschaften im Land mit der erforderlichen Hard- und Software auszustatten ist nach alledem zwingend notwendig. Die Kosten dafür wären durchaus beträchtlich, der Schaden, der entstünde, wenn hier nicht endlich konsequent gehandelt wird, wäre indes viel größer. Es braucht nicht viel Fantasie, um sich vorzustellen, was im Bereich der Justiz mit abgezweigten oder manipulierten Daten geschehen könnte. Dieser Gefahr gilt es, mit Entschiedenheit zu begegnen.

Kapitel 5

Raumproblem:
Wenn nicht nur das Ansehen
der Justiz bröckelt

*»In maroden Gebäuden, fehlenden Dienstzimmern und
Gerichtssälen spiegelt sich die mangelnde Wertschätzung
der Politik für das Justizsystem insgesamt.«*

Die nächste Überraschung, die ich nach meinem
Wechsel in die Staatsanwaltschaft erlebte, war eine, mit der
ich nicht gerechnet hatte. Ich hatte keineswegs erwartet,
meinen Dienst in einem Justizpalast im Wortsinn anzutreten. Aber die Zustände vor Ort erstaunten mich dann
doch – und sie haben bis heute in ihrer Gesamtheit keine
nennenswerte Verbesserung durchlaufen.

So gab es für die Beschäftigten nicht genügend Dienstzimmer. Gerade für einen Berufsanfänger kann ein Doppel-
zimmer auch Vorteile haben: Die Wege sind kurz, man kann
sich austauschen, einen Rat einholen. Die Nachteile werden
offenbar, wenn man sich mit der Arbeit der Staatsanwaltschaft etwas genauer beschäftigt.

Denn nur ein Teil unserer Tätigkeit besteht aus dem ruhigen Aktenstudium, der stummen Lektüre einschlägiger Fachkommentare sowie der geräuscharmen Anfertigung von Schriftstücken, ansonsten wird viel telefoniert, es werden vor Ort Zeugen und Beschuldigte vernommen, Gespräche mit Rechtsanwälten, Polizeibediensteten und Sachverständigen geführt, Rechtsreferendare geschult und so weiter. Von datenschutzrechtlichen Bedenken einmal abgesehen, ist ungestörtes Arbeiten also in einem Dienstzimmer, in dem zwei Kollegen sitzen, nicht möglich. Und für den Fall, dass Sie bei der Bezeichnung »Dienstzimmer« an einen großzügig geschnittenen Raum denken sollten, möchte ich Sie auch hier zurück in die Berliner Realität holen: Im Kriminalgericht arbeiten die Dezernenten zu zweit in schmalen Zimmern, die von den Ausmaßen annähernd den Haftträumen in der angrenzenden Justizvollzugsanstalt Moabit entsprechen. Dort allerdings sind die Gefangenen einzeln untergebracht. Für Moabit gab es seit Jahrzehnten Pläne, das Dachgeschoss auszubauen; hier könnten immerhin an die 120 neue Räume entstehen. Die entsprechende Machbarkeitsstudie eines Architekturbüros stammt noch aus D-Mark-Zeiten. Nunmehr heißt es: geht nicht.

Gleiches gilt für die Situation am Landgericht Berlin und Amtsgericht Tiergarten. Auch dort ist die Raumnot enorm hoch, was dazu führt, dass sich Arbeitsprozesse verlängern. An den Gerichten kommt aber noch hinzu, dass die Anzahl der Sitzungssäle völlig unzureichend ist. Zudem führt das Kammergericht seine Hauptverhandlungen in den zahlreichen Prozessen mit hohen Sicherheitsanforderungen im Kriminalgericht durch, weil im Kammergericht zwar ein hochmoderner Sitzungssaal zur Verfügung steht, es aber leider nicht nur an einem baulich gewährleisteten sicheren Zuführungsweg für die Angeklagten, sondern auch an dem Saal angeschlossenen Toiletten fehlt. Mithin müssten – teils mehrere – in Untersuchungshaft befindliche Angeklagte mit großem personellen Aufwand von entfernten Haftanstalten zum Kammergericht verbracht und dort die Sicherheit gewährleistet werden. Insbesondere auch bei Gängen zu den eigentlich dortigen Mitarbeitenden und dem Publikum vorbehaltenen Toilettenräumen. Deshalb weichen die Senate des Kammergerichts regelmäßig auf die geeigneten Sitzungssäle im Kriminalgericht aus. All das verschärft die Raumnot. Mit der Folge, dass Hauptverhandlungstermine immerfort neu terminiert oder teils in Gänze aufgehoben werden müssen, wobei sogenannte Haftsachen, bei denen der Angeklagte in Untersuchungshaft sitzt, stets Vorrang genießen. Denn in diesen Fällen unterliegt die Dauer der Freiheitsentziehung strengen gesetzlichen wie rechtlichen Vorgaben. Das bedeutet, dass dieser Zeitraum möglichst gering gehalten werden muss.

Wenn diese Strafsachen Vorrang haben, bedeutet das im Umkehrschluss, dass andere Verfahren nicht oder nicht zeitnah terminiert werden können, weil die Saalkapazität bereits erschöpft ist. Es kann also sogar passieren, dass ein mutmaßlicher Kinderschänder frei und noch unbestraft herumläuft, weil kein Raum für die Verhandlung gefunden werden konnte. Und das ist leider kein Einzelfall. Wiederholt mussten Strafkammern Hauptverhandlungs- oder Fortsetzungstermine wegen nicht verfügbarer Sitzungssäle aufheben. Wiederholt mussten Straftäter aus der Untersuchungshaft entlassen werden, weil gegen das sogenannte Beschleunigungsgebot verstoßen wurde. Wie oben bereits erwähnt, ist ein Freiheitsentzug bei einem dringend verdächtigen Beschuldigten nur dann gerechtfertigt, wenn Justiz und Strafverfolgung »alles in ihrer Macht Stehende tun, um so schnell wie möglich eine gerichtliche Entscheidung herbeizuführen«. Gelingt ihnen das nicht, ist die Haftentlassung die »zwingend gebotene« Rechtsfolge. Und zwar unabhängig von der Schwere des Anklagevorwurfs.

Die Notlage bei den Sälen und Hauptverhandlungen erreichte wegen der Corona-Pandemie und der damit einhergehenden Beschränkungen einen weiteren Höhepunkt. Die Situation brachte einige Verantwortliche auf die beachtliche Idee, selbst in Haftsachen in Berufs- und Hochschulen sowie Theater auszuweichen. In einem Interview mit der *Berliner Zeitung* räumte Justizsenator Behrendt am 10. Mai 2020 ein, entsprechende Anfragen gestellt zu haben.[39] Er »halte einen Theatersaal durchaus für geeignet für eine solche Verhandlung«, nur »es sollte natürlich alles in der Nähe von Moabit sein, damit die Untersuchungsgefangenen nicht durch die ganze Stadt gefahren werden müssen«.[40]

Diejenigen, die das anders sahen, wurden bald eines Besseren belehrt. Denn tatsächlich fanden Hauptverhandlungen gegen Angeklagte aus dem Bereich der Organisierten Betäubungsmittelkriminalität, die sich in Untersuchungshaft befanden, mehrfach in der Urania statt. Eigentlich eine anerkannte Kultureinrichtung in Berlin, die als »Zentrum für den Dialog zwischen Wissenschaft und Öffentlichkeit« steht.

Statt der üblichen Vorträge und kulturellen Veranstaltungen wurde dem Publikum dort nun ganz anderes geboten. An jedem der Verhandlungstage mussten die Angeklagten unter großen Sicherheitsvorkehrungen aus der Untersuchungshaft zur Urania gebracht, die Sitzungen von rund 20 Justizwachtmeistern gesichert und das gesamte Gebäude von mehreren Einheiten der Berliner Polizei bewacht werden.

Wenn Beschuldigten kein Prozess gemacht werden kann, weil die Räume dafür fehlen, wenn sie auf freien Fuß gesetzt werden müssen, weil Fristen überschritten wurden, und wenn Strafsachen gar nicht erst zur Anklage gebracht werden können, weil andere Vorrang haben – dann ist das eine Bankrotterklärung von Recht und Gesetz.

Zu verantworten hat dies allein der Staat. Die Frage, welchen Stellenwert die Justiz im Berliner Landeshaushalt einnimmt, muss nicht nur hinsichtlich des Raumproblems dringend gestellt werden. Schon 2001 verkündete der damalige Regierende Bürgermeister Klaus Wowereit (SPD), sekundiert von seinem Finanzsenator und Parteifreund Thilo Sarrazin, die neuen Leitlinien seiner Politik: »Sparen, bis es quietscht.« Nun, es quietscht bis heute – laut und deutlich wahrnehmbar! Und dass »Berlin arm« ist, wird wohl jeder im öffentlichen Dienst Beschäftigte unterschreiben können, aber »sexy«?

Ordentliche Arbeitsbedingungen sind unabdingbar für eine schlagkräftige und effizient arbeitende Justiz. Doch daran fehlt es schon lange. In Berlin war die Raumnot so prekär, dass Teile der Belegschaft sogar ausgelagert wurden. Neben dem Kriminalgericht Moabit, im dem der Großteil der Staatsanwaltschaft untergebracht ist, arbeiten Beschäftigte dieser Behörde heute in einem Gerichtsgebäude in der nahen Kirchstraße und in einem weiteren Gebäude in der Turmstraße; das Archiv wurde schon längst an den Westhafen ausgelagert. Weitere Erleichterung erhofft sich das Land durch die Anmietung der ehemaligen Räumlichkeiten der Fluggesellschaft Air Berlin im Riedemannweg nahe dem Flughafen Tegel. Wer die Distanzen in der Hauptstadt einigermaßen vor Augen hat, wird wissen, dass die Standorte des Kriminalgerichts Moabit und jener Räumlichkeiten nicht gerade um die Ecke liegen. Die Erreichbarkeit leidet. Die Hauptverhandlungen und Anhörungsterme, die von den Dezernentinnen und Dezernenten der neuen Außenstelle grundsätzlich wahrgenommen werden müssten, finden nämlich ganz überwiegend im Kriminalgericht oder dem Gebäude in der nahe gelegenen Kirchstraße statt. Mit den öffentlichen Verkehrsmitteln dauert die Anreise von den neuen Räumlichkeiten dorthin rund eine halbe Stunde, bei der notorisch berüchtigten »Pünktlichkeit« der Berliner Verkehrsbetriebe gern länger. Mit dem eigenen Auto zu fahren ist nicht nur wegen des hohen Verkehrsaufkommens in Berlin nicht ratsam, sondern auch, weil den 200 zum Umzug nach Tegel vorgesehenen Kollegen dort ganze drei Stellplätze zur Verfügung stehen. Doch ist das Problem tatsächlich gelöst worden: Den Dezernentinnen und Dezernenten ist es nämlich freigestellt, den Sitzungsdienst wahrzunehmen. Dass sie im Lichte der vorbeschriebenen Umstände hierauf verzichten, ist bestens nachvollziehbar.

Der Mietvertrag für die neuen Räumlichkeiten ist mit

einer Verlängerungsoption für die Dauer von (zunächst) fünf Jahren geschlossen worden. Dass diese nach dem Abschluss des Mietvertrages im Juli 2019 tatsächlich erst im Herbst des Jahres 2020 bezogen werden konnten, sei nur ergänzend angemerkt und ist möglicherweise eine berlinspezifische Eigenheit. Allenthalben wird hinsichtlich dieses Gebäudes von Vorgesetzten der Eindruck einer Übergangslösung erweckt, die im altgedienten Kollegium aber unangenehme Erinnerungen wachruft. 1994 hatte sich das Land Berlin zur Linderung der Raumnot im Zuge der Wiedervereinigung sogenannter temporärer Erweiterungsbauten bedient. Nicht nur kritische Geister bezeichneten sie ob ihrer Bauweise durchaus treffend als »Container«. Um die Wege von A nach B zurücklegen zu können, stand dem Kollegium immerhin ein älteres Fahrrad zur dienstlichen Verfügung. Umweltfreundlich, aber nicht bei jedem Wetter eine Freude und selten zum Transport oftmals umfangreichen Aktengutes geeignet. Entsprechendes galt für den Aufenthalt in den Containern selbst. Bei sommerlichem Wetter war die Hitze unerträglich, bei winterlichen Temperaturen herrschte eisige Kälte. Begleitet wurde der Dienst zudem vom Gestank verwesender Ratten, die zuhauf unter den Containern lagen.

Die Beschwerden über die Arbeitsbedingungen wurden lange beharrlich ignoriert; erst 1999 nahm der damalige Regierende Bürgermeister und Justizsenator Eberhard Diepgen (CDU) die Räumlichkeiten in Augenschein, geräumt wurden diese temporären Erweiterungsbauten schließlich im Jahr 2011.

Parallel zur Auslagerung in den Riedemannweg und weiteren Rochaden einzelner Abteilungen von einem Standort zum nächsten gibt es Überlegungen zu Neu- und Umbauten. Man muss sicher nicht gleich auf das Debakel des Berliner Großflughafens verweisen, aber ob der neue Bau für die Staatsanwaltschaft in fünf Jahren fertig sein wird, darf doch mit einem Fragezeichen versehen werden.

Was den Mangel an Sitzungssälen angeht, sorgte der neue Präsident des Landgerichts bereits mit kreativen Ideen für Aufsehen. Einem Artikel der *Berliner Morgenpost* mit der Überschrift »Der Präsident, der mehr will« konnte man entnehmen, wie Holger Matthiesen mit diesem Problemfeld umzugehen gedenkt. Die Devise lautete verkürzt: »Parkplätze zu Sitzungssälen«.

Die Geschichte dahinter: In Moabit gibt es ein Parkhaus, in dem die Bediensteten des Kriminalgerichts und der angrenzenden JVA Moabit, Sachverständige, Dolmetscher und Verteidiger einen Stellplatz dauerhaft mieten oder kurzzeitig gegen Entgelt in Anspruch nehmen können. Bis zuletzt waren im Parkhaus keine Stellplätze zur Miete frei. Matthiesen teilte der *Morgenpost* gleichwohl mit: »Die Zeit der autogerechten Stadt ist vorbei. Die Zeit des autogerechten Gerichts sollte es ebenfalls sein. Wichtiger ist es, in Moabit Strafsachen in modernen Sälen zu verhandeln, als ortsnah Autos zu parken.«[41] Die Sache mit den modernen Sälen – man würde sich angesichts der gegenwärtigen Situation auch schon über einen unmodernen freuen – dürfte wohl jeder unterschreiben. Es ist aber ein Unding, dies zulasten der 500 Personen anordnen zu wollen, die aktuell einen Stellplatz gemietet haben. Denn unter ihnen befindet sich eine große Zahl, die lange Anfahrtswege haben und deren Dienstzeiten so früh beginnen, dass die Taktung der öffentlichen Verkehrsmittel zu einer noch längeren Anfahrt führen würde. Und dass selbst für das im näheren Umkreis wohnende Personal ein Fahrrad womöglich keine Alternative wäre, das kann auch der Gerichtspräsident nachvollziehen. Denn, so erklärte er gegenüber der *Morgenpost*, in der Stadt würde er auf die Nutzung eines Drahtesels verzichten: »Das könnte ja allzu schnell gestohlen werden.«[42] Eine Sorge, mit der er nicht allein dasteht. Was Fahrraddiebstähle angeht, so ist Berlin seit Jahren bundesweit unangefochten die Trägerin der »roten Laterne«.

Verheerendes Bild nach außen

Die räumliche, personelle und technische Ausstattung gibt auch nach außen ein bezeichnendes Bild vom Zustand und Stellenwert der Justiz als Repräsentantin des Rechtsstaates ab. Steuermittel dürfen natürlich nicht für Design-Büromöbel und allein repräsentativen Zwecken dienenden Schnickschnack verwendet werden. Aber eine funktionale Mindestausstattung sollte es schon geben. Und auch die Gebäude selbst sollten sich in einem einigermaßen akzeptablen Zustand präsentieren. Niemand erwartet mehr bei Neubauten eine Einschüchterungsarchitektur, Justizpaläste, die allein durch ihre reich verzierten Fassaden und ausladenden Treppenhäuser Respekt einflößen. Man sollte aber sehr wohl davon ausgehen dürfen, dass man beim Betreten des Gebäudes nicht gleich von herabfallenden Trümmern erschlagen wird. Um genau das zu verhindern, ist beispielsweise das Landgericht Bielefeld seit Jahren mit einem Netz und Brettern versehen. Kollegen aus vielen Bundesländern und allen Bereichen, auch der Polizei, klagen über Schimmel, muffige, dunkle Räume, überhaupt über eine marode Bausubstanz.

Auch in Berlin präsentieren sich die Dienststellen in einem desolaten Zustand: Das Kriminalgericht offenbart durchweg viele defekte Toiletten, dilettantisch über Putz verlegte Leitungen für die IT, wiederholt und längerfristig außer Betrieb befindliche Aufzüge oder verdreckte Wände. Aktenschränke, Snack- und Kaffeeautomaten, Kopiergeräte und ausrangierte Möbelstücke, die »kurzfristig« zwischengelagert werden, machen den Gang über die Flure zu einem Hindernislauf. Man mag sich einen Brand oder Notfall nicht ernsthaft vorstellen. Mehrfach wurde das von Sicherheitsexperten beanstandet, ohne dass sich daran etwas geändert hätte.

Die Zustände veranlassen das Publikum wahlweise zu einem mitleidigen Lächeln oder ehrlicher Anteilnahme. In der Gesamtschau führen sie dazu, dass die Justiz insbesondere von denen, die (auch unfreiwillig) mit ihr zu tun haben, nicht ernst genommen wird. Gerade für Menschen, die den Institutionen des Staates ohnehin nicht mit besonders großer Achtung begegnen, ist das Wasser auf ihre Mühlen: Ein Staat, der sich so präsentiert, muss vielleicht wirklich nicht ernst genommen werden.

Sicherheit mangelhaft

Im Kriminalgericht Moabit, dem größten deutschen Gerichtsgebäude, werden zahlreiche Verfahren mit teils spektakulären Sachverhalten und Beschuldigten verhandelt. Bei absehbar sicherheitsrelevanten Hauptverhandlungen wird die Berliner Polizei helfend tätig. Ansonsten werden im Eingangsbereich des Gerichts zwar durch Technik gestützte Personenkontrollen durchgeführt, doch sind die Bediensteten, die diese Kontrollen durchführen, bewusst nicht mit Schusswaffen ausgerüstet.

Der ehemalige Präsident des Amtsgerichts Tiergarten erklärte dazu, dies sei eine Sicherheitsmaßnahme, um die Gefährdung Unbeteiligter durch Schusswaffengebrauch auszuschließen. Die Erfahrungen der letzten Jahre zeigen jedoch, dass auch in Deutschland zunehmend mit dem Eindringen Bewaffneter in öffentliche Gebäude gerechnet werden muss, in Justizgebäude allemal. Dass dies vor allem – aber nicht nur – im Zusammenhang mit politisch extremistischen sowie islamistischen Straftätern oder im Bereich der Rocker- und Clankriminalität gilt, belegt nicht zuletzt das Schicksal eines Kollegen in Bayern: Am 11. Januar 2012 zog der Angeklagte in einem Betrugsprozess im Amtsgericht Dachau eine Waffe und feuerte tödliche Schüsse auf den Staatsanwalt ab, der Richter und die Anwältin des Beschuldigten entgingen nur knapp dem Tod. In seiner Begründung gab der Täter »Hass auf Bayerns Justiz und das Gefühl, permanent ungerecht behandelt worden zu sein«[43] an.

Selbst der Anregung der VBS (Vereinigung Berliner Staatsanwälte e. V.), durch Einbauten von Schleusen mit schusssicherem Glas die Sicherheit zu erhöhen, wurde seinerzeit vom Präsidenten des Amtsgerichts Tiergarten eine Absage erteilt. Neben den in Berlin durchaus nachvollziehbaren Finanznöten sprächen insbesondere Gründe des Denkmalschutzes gegen derartige Baumaßnahmen. Nun gut, dann muss die Sicherheit wohl hintangestellt werden.

Auch ein Alarmknopf steht den Bediensteten der Staatsanwaltschaft Berlin nicht zur Verfügung. Immerhin: Auf ihrem Computerbildschirm gibt es ein Icon, mit dem ein Alarm ausgelöst werden kann. Stellen Sie sich vor, Sie werden in Ihrem Büro tätlich angegriffen. Wohl kaum werden Sie dann alle Zeit der Welt haben, sich zum Bildschirm zu drehen, diesen gegebenenfalls durch Eingabe Ihres möglicherweise nicht sofort geläufigen Kennworts (bitte unbedingt die Groß- und Kleinschreibung beachten) zu entsperren, dort andere offene Fenster zu schließen oder zu verkleinern, den Cursor unvermittelt auf das betreffende Icon zu führen und mit einem Klick den Alarm auszulösen. Die Verantwortlichen aber glauben, uns damit ein wirksames Instrument für den Ernstfall an die Hand gegeben zu haben. Zur Not kann man ja immer noch um Hilfe rufen oder ein rasches Stoßgebet gen Himmel richten. Ich selbst musste diesen Alarm bisher nur ein einziges Mal auslösen – es vergingen dann geschlagene zwölf Minuten, bis mir zwei Wachtmeister zu Hilfe kamen. Bei einem ernsten oder gar bewaffneten Angriff mag ich mir die Folgen eines derart späten Eintreffens nicht ausmalen wollen!

Kapitel 6

Zeitproblem I:
Wenn die Urteilsfindung
der Stechuhr folgt

*»Bei der Fallbearbeitung ist inzwischen Zeit das oberste Gebot,
nicht die eigentlich zwingend gebotene Sorgfalt.«*

»Wir sind am Ende. Wir können nicht mehr«[44],
schrieb die Präsidentin des Berliner Landgerichts 2017 in
einem Brief an die Justizverwaltung. Aber auch anderswo
in Deutschland sind viele Gerichte und Staatsanwaltschaften heute bis zu 125 Prozent ausgelastet. Schon 2014 klag-
ten laut einer Allensbach-Studie 80 Prozent der Richter und
Staatsanwälte über eine zu hohe Arbeitsbelastung. Gleichzeitig gaben 66 Prozent der Richter und 79 Prozent der
Staatsanwälte an, nicht genügend Zeit für die ihnen an-
vertrauten Fälle zu haben. Es liegt auf der Hand, dass die
enorme Aktenflut nur noch bewältigt werden kann, indem
man über die persönliche Belastungsgrenze hinausgeht –
oder Abstriche bei der Qualität gemacht werden müssen.

Mit zu dieser Situation beigetragen hat auch die Art und
Weise, wie der Personalbedarf in den Justizbehörden er-

mittelt wird. Früher galt als Vergleichsmaßstab der sogenannte Pensenschlüssel: Hierbei wurde die tatsächliche Zahl
der erledigten Fälle dem durchschnittlich anfallenden Ar-
beitspensum in einem Dezernat gegenübergestellt. Heute
greift man stattdessen auf (vermeintlich) bestimmbare
durchschnittliche Bearbeitungszeiten für einzelne Verfahren
zurück. Grundlage dafür ist ein Beschluss der Landesjustiz-
verwaltungen aus dem Jahr 2003, die Personalbedarfsberechnung auf das System »PEBB§Y« umzustellen, das seit
2005 republikweit gilt. Diese Abkürzung ist die Kurzbe-
zeichnung für »Erarbeitung eines Systems der Personalbedarfsberechnung für den richterlichen, staatsanwaltlichen
und Rechtspflegedienst in der ordentlichen Gerichtsbarkeit«. PEBB§Y erinnert an ein süßes, koffeinhaltiges Erfri-
schungsgetränk, ist in der justiziellen Wirklichkeit aber alles
andere als belebend.

Die Ökonomisierung der Rechtsprechung

Die Einführung von PEBB§Y zeigt, dass die zunehmende
Ökonomisierung der Gesellschaft auch vor der Rechtsfin-
dung nicht haltmacht. Für die Personalbedarfsberechnung
haben sich die Landesjustizbehörden mit der Pricewater-
houseCoopers GmbH (pwc) eine weltweit agierende Wirt-
schaftsprüfungsgesellschaft ins Boot geholt, die etwas von
Optimierung und Effizienz versteht. Doch Arbeitsabläufe

lassen sich naturgemäß nur dort besonders gut optimieren, wo nach einem bestimmten Schema gearbeitet wird – in der Justiz hingegen ist jeder Fall anders. Arbeitsabläufe lassen sich nicht am Reißbrett entwerfen oder gar streng nach Stechuhr beurteilen. Genau das aber verlangt PEBB§Y: Es gibt die Bearbeitungszeit vom ersten Blick in die Akte bis zum Urteil in Minuten vor.

So werden beispielsweise für eine Strafsache am Amtsgericht 157 Minuten veranschlagt, ungeachtet des Inhalts der Strafsache. Die Uhr beginnt in dem Moment zu ticken, in dem die Anklage das Gericht erreicht. Aktenstudium, Zeugen laden und befragen, gegebenenfalls einen Dolmetscher organisieren, die Verhandlung ansetzen, verhandeln, ein Urteil fällen, die Details zum Prozess abschließend erfassen – in zweieinhalb Stunden. Vollkommen absurd.

Eine Ordnungswidrigkeit im Bereich Straßenverkehr darf 39 Minuten in Anspruch nehmen. Geht man davon aus, dass viele Menschen im Land über eine Rechtsschutzversicherung verfügen und deshalb gerade dann, wenn ein Führerscheinentzug droht, bis an die hundert Seiten Gutachten vorgelegt werden, ist das geradezu lächerlich. Noch bedenklicher sind allerdings die Zahlen, die für schwerwiegendere Delikte vorgegeben werden. So stehen einem Staatsanwalt für eine Anklage auf Statistiken fußende Minuten zur Verfügung! Das kann nur zu abwegigen Ergebnissen führen, die der Wirklichkeit widersprechen.

In seinem Gutachten aus dem Jahre 2014 gelangte das Wirtschaftsprüfungsunternehmen pwc zu dem Ergebnis, dass für die Bearbeitung eines Kapitalverbrechens gegen einen oder auch mehrere Beschuldigte 1909 Minuten benötigt werden.[45] Wir reden dabei über knapp 32 Stunden, in denen die (teils überbordenden) Akten nicht nur gelesen, sondern auch fortlaufend Ermittlungen geführt werden müssen, an deren Ende eine Einstellung oder eine umfangreiche Anklage folgt. Dass sich derartige Verfahren fast immer über mehrere Monate und wiederholt über mehrere Jahre erstrecken, lässt eindeutige Rückschlüsse auf die Wirklichkeitsferne dieser Erhebungen zu.

Entsprechendes gilt für sogenannte Unbekannt-Verfahren, also Verfahren, in denen ein Beschuldigter noch nicht ermittelt worden ist, aber werden soll. Stellen Sie sich beispielsweise ein Tötungsverbrechen im Bereich der politischen oder Organisierten Kriminalität vor, bei dem die Tatbeteiligten vor, während und nach ihrer Tat mit größtmöglicher krimineller Energie agieren. Entsprechendes gilt für Zeugen in diesem Milieu, denen nichts ferner liegt als eine Zusammenarbeit mit öffentlichen Stellen. Derartige Verfahren gehören seit Jahren zum Alltag von Polizei und Staatsanwaltschaft. So wurde beispielsweise im Frühjahr des Jahres 2016 in Berlin ein Mensch in seinem Auto mit einem Sprengsatz getötet. Bei den Ermittlungen ergaben sich Hinweise auf den Bereich der Organisierten Kriminalität und zudem Auslandsbezüge. Wie Sie sich unschwer vorstellen können, gestalteten sich die Ermittlungen nicht nur überaus aufwendig, sondern vor allem langwierig: Sie waren zum Ende des Jahres 2020 noch nicht abgeschlossen, der Umfang der bisher angelegten Akten ist bereits jetzt überbordend. Ich schildere diesen Fall nur, um den Aufwand einer einzigen Dezernentin mit einem einzigen

Ermittlungsverfahren aufzuzeigen. Will man den ernstlich mit der statistisch festgestellten Durchschnittszeit von 45 Minuten[46] bemessen? Wohl kaum. Dies gilt umso mehr, als derartige Verfahren keineswegs die Ausnahme sind, sondern inzwischen vielfach mehr Ressourcen binden als viele sogenannte Bekannt-Sachen.

Entsprechendes gilt für die Gerichte. Urteile, die wie am Fließband gefällt werden sollen, Gerechtigkeit nach der Stoppuhr – das kann nicht funktionieren. Sie wissen ja nach der bisherigen Lektüre dieses Buches ziemlich genau, was tagtäglich an Arbeit bei uns anfällt. Außerdem haben die Komplexität der Fälle und damit der Umfang der zu sichtenden Akten in den letzten Jahren stark zugenommen: Als »dünn« gilt eine Akte, wenn ihr Umfang 600 Seiten nicht überschreitet; die mittlere Kategorie geht bis 5000 Seiten; alles, was darüber hinausgeht, läuft in Richter- und Staatsanwaltschaft unter »dick«.

Berücksichtigt wird dies bei den Berechnungen ebenso wenig wie die zahlreichen bereits skizzierten Zusatzaufgaben. Die Analysten von pwc stufen unsere Tätigkeiten anders ein, sie scheinen insgesamt ein etwas anderes Bild von der Arbeit in der Justiz zu haben: In ihren Gutachten sprechen sie denn auch von »betriebswirtschaftlich optimierten Produkten« und meinen damit Fälle und Urteile, hinter denen Menschen stehen – diesseits und jenseits der Anklagebank. Es spielt also keine Rolle, worum es bei den »Produkten« tatsächlich geht. Es gilt der für eine »Produktgattung X« – also beispielsweise für eine fahrlässige Tötung – ermittelte Wert. Die zugewiesene Produktgattung unterscheidet nicht nach der Schwere des Falles und nicht zwischen einem geständigen Beschuldigten und einem, der erst mühsam in einem Indizienprozess der Tat überführt werden muss. Sie trifft keine Aussagen darüber, wie viele Zeugen und Gutachter gehört und wie viele Beweisanträge berücksichtigt werden müssen. Und sie trägt den Fortschritten im Bereich der kriminaltechnischen Ermittlungen ebenso wenig Rechnung wie der Tatsache, dass auch Sondermaßnahmen Zeit binden. Allein die Auswertung von Daten etwa im Bereich der Telekommunikationsüberwachung, die zudem oft erst übersetzt werden müssen, frisst enorme Ressourcen.

All dies wird von PEBB§Y nicht berücksichtigt. Stattdessen wird der Zeit- und Personalbedarf nach Schema F berechnet und jedem Dezernenten, jeder Dezernentin diktiert, wie viele Fälle nach Minuten pro Monat zu erledigen sind. Das führt zu einem unguten Leistungsdruck. Hinzu kommt, dass nur solche Fälle in die Statistik eingehen, die neu eintreffen. Die Altverfahren, die ebenfalls Monat für Monat abzuarbeiten sind, finden keine Berücksichtigung. An vielen Gerichten ist der Rückstau so groß, dass allein diese Fälle bereits das durchschnittlich errechnete Pensum von 50 zu erledigenden Verfahren pro Monat im Dezernat X ausmachen.

Bei der Bedarfsrechnung erfasst PEBB§Y übrigens alle besetzten Stellen, auch wenn diese faktisch vakant sind – etwa wegen Krankheit, Elternzeit oder der Abordnung an andere Dienststellen oder Behörden. Die »Abgeordneten« etwa stehen für Monate oder teils auch für Jahre ihren eigentlichen Dienststellen nicht zur Verfügung, da sie in der Zeit für Generalstaatsanwaltschaften, Landes- und Bundesministerien, den Deutschen Bundestag oder internationale Behörden und Institutionen arbeiten. Im Sommer 2019 fehlten allein deshalb in der Staatsanwaltschaft Berlin etwa 30 Personen – bei einer Gesamtzahl von rund 300 Dezernentinnen und Dezernenten.

Ein anderer Grund für solche faktischen Vakanzen sind »Mammutprozesse« – ebenfalls eine unbekannte Größe für PEBB§Y. Solche Riesenprozesse binden über Monate und Jahre Kapazitäten in den betreffenden Dezernaten. Im Prozess gegen die Mitglieder des sogenannten Nationalsozialistischen Untergrunds (NSU) etwa mussten sich die fünf Angeklagten vor Gericht unter anderem wegen zehnfachen Mordes, 43 Mordversuchen, zwei Sprengstoffanschlägen und 15 Raubüberfällen verantworten, wobei sich die beiden Hauptverdächtigen einer Festnahme und juristischen Verfolgung durch eine Selbsttötung entzogen haben. Der Hauptverhandlung im Mai 2013 waren umfangreiche Ermittlungen vorangegangen, die sich über vierzehn Jahre hingezogen hatten. Die Anklageschrift umfasste 488 Seiten, die Ermittlungsakten der Bundesanwaltschaft beliefen sich auf 650 Aktenordner. Ein Jahr später waren die Akten auf 486 000 Seiten angewachsen, zum Prozessende füllten sie 1200 Ordner. 541 Zeugen und 46 Sachverständige wurden gehört, 264 Beweisanträge gestellt, bis der Senat im Juli 2018 das Urteil verkündete. Neben dem Vorsitzenden waren fünf Berufsrichter und drei Ergänzungsrichter mit der Urteilsfindung betraut, der Generalbundesanwalt beim Bundesgerichtshof als anklagende Behörde entsandte zunächst vier, später drei Vertreter.

All diese Kräfte waren über fünf Jahre fast ausschließlich mit dem Geschehen dieses Prozesses betraut. Die Justizverwaltungen nicht nur in Berlin kaschieren solche Überlastungen einzelner Dezernate durch eine »Korrektur« der Bearbeitungszeiten. Denn die errechneten Werte von pwc werden nach politischen Maßstäben, deren Einzelheiten – möglicherweise aus guten Gründen – nicht publik gemacht werden, eigenständig bewertet. Deshalb werden selbst von pwc erkannte Personaldefizite auf der politischen Ebene nicht 1:1 übernommen. Die ohnehin absurd eng getakteten Vorgaben werden in dem Maße reduziert, in dem die Falleingangszahlen zugenommen haben. Das geht nicht nur zulasten der Richter und Staatsanwälte – sondern zulasten der Qualität der Rechtsprechung insgesamt. Oder, wie Michael Dudek, Präsident des Bayerischen Anwaltvereins, formulierte: Schnelligkeit hat als Qualitätsmerkmal »menschlich und politisch nicht nur einen faden Beigeschmack«, sondern ist auch »ein Angriff auf Gerechtigkeitsgefühl und richterliche Unabhängigkeit«.[47]

Kapitel 7

Ermessensproblem: Wenn Staatsanwaltschaften zu »Einstellungsbehörden« werden

> *»Verfahrenseinstellungen gehören zum Alltag eines Staatsanwaltes, sie dürfen aber nicht der Arbeitslast geschuldet sein.«*

Die Möglichkeiten, Straftaten aufzuklären und zur Anklage zu bringen, haben in der Zeit meiner langjährigen Tätigkeit als Staatsanwalt beständig zugenommen. Doch der enormen Flut an Verfahren können wir schon seit Längerem nicht mehr gerecht werden und damit auch nicht mehr dem verfassungsrechtlich verbürgten Anspruch der Bevölkerung auf wirksame Strafverfolgung.

Der Blick in die staatsanwaltschaftlichen Datensammlungen wirft mindestens dunkle Schatten auf die Rechtswirklichkeit. Denn er zeigt, dass ein nicht unerheblicher Teil der Ermittlungsverfahren gar nicht erst zur Anklage kommt. Im allgemeinen Bereich – etwa bei Körperverletzungen, Untreue, Betrug oder Widerstand gegen Vollstreckungsbeamte – bekommen Staatsanwälte jeden Tag Berge von Akten vorgelegt, sodass viele sich nicht anders zu retten wissen, als Verfahren einzustellen, ohne dabei Recht zu beugen.

In Berlin ist im Zeitraum von 2006 bis 2017 der Anteil der Ermittlungsverfahren, die mit einer Anklage oder vergleichbaren Anträgen bei Gericht (z. B. Antragsschriften bei strafrechtlich nicht in vollem Umfange Verantwortlichen oder im Strafbefehlswege) abgeschlossen wurden, um nahezu ein Drittel gesunken. Während dieser Anteil 2017 nur noch bei 21 Prozent lag, hatte er gut zehn Jahre zuvor immerhin noch fast 30 Prozent betragen.[48]

Ich habe in der Vergangenheit mehrfach davor gewarnt, dass die Bearbeitung von Ermittlungsverfahren bei der Staatsanwaltschaft Berlin aufgrund der völlig unzureichenden Personalstärke nur oberflächlich erfolgen kann. Von dieser fehlenden Leistungsfähigkeit der Justiz profitieren in letzter Konsequenz viele Beschuldigte, weil sie keiner angemessenen Bestrafung zugeführt werden können. Hinzu kommt, dass teilweise Jahre bis zur Anberaumung der Hauptverhandlungstermine verstreichen, weshalb auch die Gefahr einer Einstellung oder eines geringeren Strafmaßes besteht. Dazu später mehr.

Kein Wunder, dass in der Bevölkerung das Gefühl zunimmt, der Rechtsstaat lasse sie im Stich. Niemand kann verstehen, dass Straftaten nicht zur Anklage gebracht werden, weil das Personal dafür fehlt. Und ebenso wenig, dass Verfahren wegen chronischer Überlastung des Personals nicht mit der gebotenen Sorgfaltspflicht durchgeführt werden. All das wirkt sich nicht nur auf das Gerechtigkeitsempfinden der Bürgerinnen und Bürger aus, es schwächt auch auf fundamentale Weise den Nimbus des Staates als Hüter von Recht und Gesetz. Die Justiz vermittelt immer auch Werte – wenn diese aber bereits innerhalb des Justizapparats nicht auf allen Ebenen gewahrt werden können, stärkt das all jene, die dem System mit Misstrauen begegnen, und vor allem all jene, die gegen das Gesetz verstoßen.

Es entspricht leider der täglichen Erfahrung, dass man in Staatsanwalt- und Richterschaft der nicht versiegenden Flut von Verfahren nicht in jeder Hinsicht Herr wird. Ich habe an anderer Stelle schon den Vergleich angestellt, dass die Justizbeschäftigten gegen einen Wasserfall ankämpfen sollen und dafür lediglich ein Glas in die Hand bekommen. Ein Kollege von mir verglich denn auch die Arbeit der Staatsanwaltschaft Berlin mit jener der Kapelle auf der bereits sinkenden »Titanic« – ein Untergang des Systems mit harmonischer Begleitmusik!

Dass andere deutsche Staatsanwaltschaften ähnliche Havarien erleben, ist mir aus zahlreichen Gesprächen mit dortigen Kolleginnen und Kollegen bekannt. Zur Untermauerung werde ich auch hier wieder die Statistik bemühen: So konnten zwar laut Pressemitteilung Nr. 317 des Statistischen Bundesamtes vom 22. August 2019 im Jahr 2018 deutschlandweit über 4,9 Millionen Ermittlungsverfahren abgeschlossen werden, was ohne deliktsspezifische Besonderheiten gegenüber dem Vorjahr einem Anstieg von knapp 81 000 Verfahren (oder einem Plus von 1,7 Prozent) entspricht. Aber: Im selben Zeitraum wurden 56,8 Prozent der Verfahren eingestellt. Neben einem fehlenden Tatverdacht (in 28,4 Prozent der Verfahren) fällt vor allem die hohe Zahl an Einstellungen ohne Auflage auf: in 24,7 Prozent der Fälle. Dass dieser Anteil im Jahr 2017 sogar 26 Prozent[49] betrug, ist kein Anlass zu euphorischem Schulterklopfen. Er liegt inzwischen immer noch bei rund einem Viertel.

Paragrafen gegen die Prozessflut

Der Gesetzgeber hat den Anklagebehörden Möglichkeiten verschafft, mit sogenannten Opportunitätsentscheidungen der Prozessflut Herr zu werden. Unter bestimmten Voraussetzungen, die in § 154 Absatz 1 der Strafprozessordnung (StPO) festgehalten sind, können dann trotz des Verdachts einer Straftat Ermittlungen eingestellt werden. Es handelt sich hierbei um eine mögliche Verfahrensbeschleunigung durch einen sogenannten Teilverzicht. Zur Anwendung kommt dieser Paragraf beispielsweise dann, wenn sich ein Täter wegen verschiedener Tatvorwürfe vor Gericht verantworten muss. Diese werden zueinander in Beziehung gesetzt und je nach Schwere bewertet. Gibt es im Falle eines Tötungsverbrechens als weiteren Tatvorwurf den einer Beleidigung oder eines anderen minderschweren Delikts, das nicht in Bezug zum Geschädigten oder zu einem Zeugen des Geschehens steht, wird es grundsätzlich sachgerecht sein, das Verfahren wegen dieser Taten nach § 154 Absatz 1 StPO einzustellen. Die Anklage wegen des Tötungsverbrechens bleibt selbstverständlich bestehen.

Die Möglichkeiten, die diese Vorschrift eröffnet, dienen

ganz sicher nicht der Arbeitsvermeidung, gleichwohl werden sie in einer Vielzahl von Fällen genau dazu genutzt – oder besser gesagt: missbraucht. Leider auch viel zu oft in Abteilungen, die für die Verfolgung schwerer und schwerster Straftaten zuständig sind.

Ich selbst leite seit vielen Jahren die Abteilung, die auch für die Verfolgung von Tötungsverbrechen, erpresserischem Menschenraub und Geiselnahme zuständig ist. Die betreffenden Beschuldigten haben dort zumeist den Gipfel ihrer kriminellen Karriere erreicht. Wenn Sie als zuständiger Staatsanwalt die Tatvorwürfe prüfen, werden Sie sich auch die Akten der bereits erfolgten Verurteilungen über die entsprechenden Datenbanken des Bundeszentralregisters (BZR) zukommen lassen, um diese auszuwerten. Spätestens dann wird das Versagen der Justiz deutlich! Eben weil schon zahlreiche Ermittlungsverfahren wegen durchaus erheblicher Vorwürfe eingestellt wurden, ohne dass aus der Begründung eine inhaltliche Auseinandersetzung mit den zu beachtenden Kriterien entnommen werden könnte.

Man kann die Sache auch spiegelverkehrt betrachten. Die Strafverfolgung wird nämlich so auch ihrer Aufgabe nicht gerecht, einen Beschuldigten beizeiten auf einen zukünftig straffreien Weg zu führen. Denn eine vollstreckte Freiheitsstrafe kann möglicherweise eine weitere Straftat verhindern. Den Opfern eines Mehrfachtäters erklären zu wollen, dass dessen Taten in der Vergangenheit wegen Verfahrenseinstellungen nicht geahndet wurden, ist eine kaum lösbare Aufgabe. Gänzlich unlösbar erscheint sie, wenn der nunmehr erneut Beschuldigte gar ein Tötungsverbrechen begangen hat. Und das ist leider kein theoretisches Konstrukt, sondern dienstlich erlebte Wirklichkeit. Ich will das gern an zwei Beispielen erläutern: Einmal habe ich einen Beschuldigten strafrechtlich verfolgen müssen, der nach dem Verlassen des Kriminalgerichtes mehrere Menschen mit einem Messer verletzt und versucht hatte, eine Person zu töten. Bei der Prüfung seines justiziellen Vorlebens erlebte ich einige Überraschungen. Ich stieß auf wiederholte Verfahrenseinstellungen nach § 154 StPO. Und auf einen Vorfall, der sich unmittelbar vor der Messerattacke ereignet hatte. Der Beschuldigte hatte nämlich das Kriminalgericht – unentdeckt von der Einlasskontrolle – mit einem Pflasterstein betreten, einen Staatsanwalt aufgesucht, beschimpft, mit der Faust ins Gesicht geschlagen und sodann besagten Stein nach ihm geworfen. Der traf zum Glück jedoch nur das Fenster. Herbeigerufene Wachtmeister schafften den Mann aus dem Gebäude, ohne dass weitere strafprozessuale Maßnahmen ergriffen worden wären. Angebracht wäre beispielsweise gewesen, etwaige Vorstrafen – die es gab – zu prüfen, was auch zum Erlass eines Haftbefehls hätte führen können. Man hätte außerdem eine Blutentnahme anordnen können. So aber führte man ihn ohne Weiteres zum Ausgang des Kriminalgerichts, wo ihm sogar das beim Einlass abgenommene Messer zurückgegeben wurde. Das spätere Tatwerkzeug! Abschließend will ich Ihnen nicht vorenthalten, dass der Beschuldigte bei seiner Vernehmung in meinem Verfahren sein Unverständnis darüber zum Ausdruck brachte, nach dem Angriff auf einen Staatsanwalt nicht in Haft genommen worden zu sein.

Noch gravierender gestaltete sich ein vor geraumer Zeit

von mir bearbeitetes Verfahren wegen eines vollendeten Tötungsverbrechens, bei dem der psychisch kranke Beschuldigte einen Mann, den er kurz zuvor kennengelernt hatte, erstochen hatte. Die Auswertung der Beiakten gegen ihn geführter Verfahren hat mich wirklich erschüttert. Fortlaufend war der Mann durch Gewalttaten gegenüber wildfremden Menschen in Geschäften und dem öffentlichen Personennahverkehr, durch Bedrohungen, Widerstandshandlungen und andere Delikte auffällig geworden. Während einige Staatsanwältinnen und Staatsanwälte tatsächlich Verfahren gegen ihn betrieben, haben zahlreiche andere Kollegen ihre Verfahren nach § 154 StPO eingestellt. Und unter den dortigen Tatvorwürfen fanden sich nicht nur Bagatelldelikte. Man mag den Gedanken nicht vertiefen, ob das Tötungsverbrechen durch konsequente Verfolgung dieser Taten zu verhindern gewesen wäre.

Kann der Weg des § 154 StPO nicht beschritten werden, gibt es noch zwei weitere gesetzliche Möglichkeiten, ein Verfahren einzustellen, die ebenfalls oft Anwendung finden – selbst nach Klageerhebung durch ein Gericht: zum einen, wenn die Schuld des Täters gering erscheint (§ 153 StPO), und zum anderen, wenn die Erfüllung von Auflagen zur Befriedigung des Strafverfolgungsinteresses ausreicht (§ 153a StPO). Darunter fallen beispielsweise die Zahlung eines Geldbetrages, das Erbringen von gemeinnützigen Leistungen oder andere Formen der Wiedergutmachung. Bei genauerer Betrachtung entspricht die häufige Anwendung dieser Paragrafen den Vorstellungen des Gesetzgebers aber mitnichten.

Während § 153 StPO ohne Zutun des Beschuldigten zur Anwendung kommt und allein im Ermessen des Gerichts und der Staatsanwaltschaft liegt, setzt § 153a eine Beteiligung der Beschuldigten voraus. Er oder sie muss verschiedene Auflagen erfüllen; geschieht dies nicht oder nur unzureichend, haben Gericht und Staatsanwaltschaft die Möglichkeit, das Verfahren fortzusetzen – ohne dabei bereits erbrachte Leistungen des Beschuldigten anrechnen zu müssen. Das bedeutet, dass bei der anschließenden Verurteilung z. B. zu einer Geldstrafe diese in voller Höhe zu leisten ist.

Der »Erledigungsweg« durch § 153a erfreut sich bei allen beteiligten Parteien großer Beliebtheit. Die Anwälte der Verteidigung beschreiten ihn, um eine im Strafregister oder Führungszeugnis erscheinende Verurteilung zu umschiffen und ihre Mandanten gegebenenfalls vor einer Hauptverhandlung zu schützen, die das Interesse von Medien und Öffentlichkeit wecken würde. Den Staatsanwaltschaften erspart diese Möglichkeit den vielfach aufwendigen Abschluss eines Ermittlungsverfahrens mit allem, was dazugehört. Und die Richterschaft schließlich bewahrt dieser Paragraf nicht nur vor einer umfangreichen Beweisaufnahme, sondern vor allem vor der Fertigung eines Urteils, gegen das wiederum möglicherweise Rechtsmittel eingelegt werden, was mindestens eine weitere Instanz zur Folge hätte. Der Umstand, dass ein Großteil derartiger Verfahrensabschlüsse der Öffentlichkeit verborgen bleibt, kann die Sorgen um den Rechtsstaat nicht verringern – ganz im Gegenteil!

Um eines klarzustellen: Selbstverständlich haben diese Opportunitätsentscheidungen einen rechtspolitischen Sinn. Sie stehen dem Rechtsstaatsgebot nicht entgegen, sondern sind vielmehr Ausdruck desselben. Mit Paragrafen wie den oben genannten wird die Justiz nämlich in die Lage versetzt, für jeden Einzelfall gesonderte Erwägungen in Betracht zu ziehen. Doch wenn diese Paragrafen als eine Art »Befreiungsschlag« einer überlasteten Staatsanwalt- und Richterschaft missbraucht werden, dann wird genau dieses Rechtsstaatsgebot ad absurdum geführt.

Natürlich versteht es sich für Dezernentinnen und Dezernenten von selbst, dass es grundsätzlich

- bei bereits Verurteilten, erheblichen Verletzungen sowie wirtschaftlichen Schäden bei Geschädigten,
- vorangegangenen Opportunitätsentscheidungen zugunsten des Beschuldigten,
- Straftaten und insbesondere Gewaltdelikten im Bereich des öffentlichen Personennahverkehrs, Delikten im Straßenverkehr und strafbarem Verhalten zum Nachteil von Amtsträgerinnen und -trägern

an der für die Einstellung nach § 153 erforderlichen »Geringfügigkeit« fehlt. Dennoch lässt die hohe Zahl der deswegen eingestellten Verfahren aufhorchen: In Berlin lag sie 2016 bei 14 779 – ein Anteil von knapp 20 Prozent aller in der Hauptstadt eingestellten Ermittlungsverfahren.[50] Der Vergleich mit den Zahlen der darauffolgenden Jahre zeigt, dass dies keineswegs nur ein statistischer Ausreißer war: Die vom Bundesministerium für Justiz und Verbraucherschutz für das Jahr 2017 veröffentlichten Zahlen belegen, dass die Staatsanwaltschaften in Deutschland 3,5 Prozent ihrer Verfahren mit sowie 26 Prozent ohne Auflagen eingestellt haben – zusammengenommen also fast 30 Prozent.[51] In Berlin lag dieser Gesamtanteil 2017 sogar bei 34 Prozent.[52] Trotz eines leichten Rückgangs lag 2019 die Einstellungsquote in Deutschland insgesamt immer noch bei 28 Prozent (mit Auflagen 3,4 Prozent; ohne Auflagen 24,6 Prozent).[53]

Der ehemalige Berliner Generalstaatsanwalt Ralf Rother hat schon anlässlich einer vom Deutschen Richterbund im Jahr 2017 veranstalteten Diskussionsrunde mit dem Titel »Ist die Justiz zu milde?« unumwunden eingeräumt, dass es zu »Entschließungen kommt, die nicht passieren dürfen«.[54] Dass also auch Fälle eingestellt würden, in denen dies weder juristisch geboten noch rechtsstaatlich zu begründen sei.

Rother stellte auf dieser Veranstaltung auch eine der Kernfragen, nämlich die nach der Wertigkeit der Justiz für den Staat. Die Antwort gab er gleich selbst: Zum damaligen Zeitpunkt wurden in Berlin 2,8 Prozent des Gesamthaushalts für die Justiz aufgewendet, seiner Meinung nach »viel zu wenig«, schließlich sei »die Justiz der Garant für das Sicherheitsgefühl und das Zusammengehörigkeitsgefühl in unserem Land«. Nicht zuletzt deshalb betonte er, dass »die Grundfeste der Menschen betreffende Straftaten verfolgt werden müssten« – um abschließend mit den Worten »wir kommen da an Grenzen« die drohende Kapitulation des Rechtsstaats einzuräumen.[55]

Kapitel 8

Zeitproblem II: Wenn Täter wegen Fristverletzungen auf freien Fuß kommen oder »Strafrabatte« erhalten

» Wenn die Justiz lahmt, wird sie
von den Beschuldigten überholt. «

Es gibt noch einen Bereich, der deutlich macht, auf welch gefährlichem Kurs sich der Rechtsstaat befindet. Insbesondere bei sogenannten Haftsachen, also Verfahren, bei denen sich die Beschuldigten in Untersuchungshaft befinden, sieht das Gesetz eine besondere Eile geboten. Doch die dafür festgelegten Fristen können oft nicht eingehalten werden, mit der Folge, dass dringend Verdächtige auf freien Fuß gesetzt werden müssen oder bei ihrer Verurteilung einen »Strafrabatt« erhalten. Ein ungeheuerlicher Umstand, der nicht nur jeglichem Rechtsempfinden entgegensteht, sondern auch den Verantwortlichen im Justizapparat die Haare zu Berge stehen lässt.

Die Anordnung einer Untersuchungshaft (U-Haft) ist in den Paragrafen §§ 112 ff. der Strafprozessordnung geregelt. Mögliche Gründe hierfür sieht der Gesetzgeber bei dringendem Tatverdacht etwa in Flucht- oder Verdunkelungsgefahr oder bei Wiederholungsgefahr (eine Maßnahme von präventiv-polizeilicher Natur). Bei schweren Verbrechen wie beispielsweise Mord, Totschlag oder der Bildung einer terroristischen Vereinigung kann eine U-Haft unter Beachtung verfassungsgemäßer Auslegung auch ohne die oben genannten Gründe angeordnet werden. Die Untersuchungshaft muss zudem verhältnismäßig sein. Denn die in U-Haft verbrachte Zeit wird gegebenenfalls auf eine später verhängte Freiheitsstrafe angerechnet. In geeigneten Fällen, die im Bereich der Schwerkriminalität fast nie auftreten, können weniger einschneidende Maßnahmen als der Vollzug der Untersuchungshaft angeordnet werden (§ 116 StPO). Hierzu zählen vornehmlich Auflagen oder Kautionen.

Nach dem Gesetz darf eine Untersuchungshaft grundsätzlich höchstens sechs Monate dauern (§ 121 Absatz 1 StPO). Wenn besondere Schwierigkeiten wie der Umfang der Ermittlungen oder ein anderer wichtiger Grund ein zeitnahes Urteil nicht möglich erscheinen lassen, können Oberlandesgerichte (in Berlin das Kammergericht) diese Frist angemessen verlängern. Eine Überlastung des Gerichts ist aber kein »anderer wichtiger Grund«, das hat das Bundesverfassungsgericht in einem Beschluss vom 30. Juli 2014 bekräftigt.[56] Der Staat müsse dafür sorgen, die Justiz mit ausreichend Personal auszustatten. Die Realität ist eine andere.

Der häufigste Grund dafür, dass Fristen nicht eingehalten werden können, ist die Dauer der Ermittlungen, also die Zeitspanne, bis es überhaupt zu einem Prozess kommt. Das Prozessgeschehen selbst nimmt ebenfalls immer mehr Zeit in Anspruch. Für die Auswertung von DNA-Spuren, Aufnahmen von Überwachungskameras, Computer- oder Handydaten, Ergebnisse von Telekommunikationsüberwachungen (oftmals fremdsprachig), Erstellung umfangreicher Gutachten, um nur einiges zu nennen, werden mehr Sachverständige benötigt und müssen zusätzliche Prozesstage anberaumt werden. All diese neuen Möglichkeiten tragen zwar maßgeblich zu Ermittlungserfolgen bei, sie sorgen aber auch dafür, dass der Arbeitsaufwand steigt. Mit den derzeit vorhandenen Personalressourcen auf allen Ebenen des Justizapparats ist das nicht zu bewältigen. Mit der Folge, dass sich das Prozessgeschehen insgesamt immer länger hinzieht.

Freilassungen wegen einer Fristüberschreitung sind keineswegs Einzelfälle. Und selbst Personen, die dringend tatverdächtig sind, schwerste Verbrechen begangen zu haben, »profitieren« davon. So trug es sich wiederholt zu, dass Tatverdächtige, die wegen ganz erheblicher Sexualdelikte angeklagt waren, aus der Untersuchungshaft entlassen werden mussten. Nach Einschätzung des Deutschen Richterbunds waren es zuletzt an die fünfzig Fälle, bei denen ein Untersuchungshäftling trotz teils schwerer Tatvorwürfe auf freien Fuß gesetzt werden musste. Das deckt sich mit den Ergebnissen, die eine Anfrage der *Deutschen Richterzeitung* (DRiZ) bei den Justizministerien der Länder für das Jahr 2017 erbracht hat: Bayern berief sich darauf, eine entsprechende Statistik nicht zu führen; die Länder Mecklenburg-Vorpommern und Niedersachsen erklärten, in ihrem Zuständigkeitsbereich seien derartige Entlassungen nicht zu verzeichnen gewesen. Das ist – oder wäre – erfreulich.

Im Übrigen aber vermeldeten die Länder folgende Entlassungszahlen:

Hamburg	1
Brandenburg, Hessen, Nordrhein-Westfalen, Rheinland-Pfalz, Schleswig-Holstein je	2
Saarland, Sachsen-Anhalt je	3
Bremen	5
Berlin, Baden-Württemberg je	6
Sachsen	8
Thüringen	9
Gesamtzahl	**51**

Um es noch einmal zu betonen: Unter den 51 auf diesem Wege Entlassenen waren auch Verdächtige, denen schwerste Straftaten vorgeworfen wurden.

Nicht weniger besorgniserregend fällt der Vergleich mit dem Vorjahr 2016 aus. In diesem wurden 41 Entlassungen gezählt – das ergibt eine Steigerung von mehr als 24 Prozent innerhalb eines Jahres. Falls Sie sich nun angesichts dieser Zahlen mit dem Gedanken an statistische Ausreißer trösten wollen, muss ich Sie leider enttäuschen. Denn für das Jahr 2018 waren mindestens 65 (!) Entlassungen wegen Fristüberschreitung zu verzeichnen. Das ergibt für den Zeitraum von 2016 bis 2018 eine Steigerung von mehr als 58 Prozent![57]

Auch hier greift es zu kurz, diese Steigerung nur mit dem Verweis auf die allgemeine Zunahme der Zahl an Untersuchungshäftlingen zu erklären. Dass diese gestiegen ist, lässt sich eindeutig belegen. Nach Recherchen des Norddeutschen Rundfunks (NDR) und auf Grundlage der Daten des Statistischen Bundesamtes ist ein Anstieg um 25 Prozent zwischen den Jahren 2014 und 2018 zu konstatieren.[58]

Allein in Berlin ist die Zahl der in U-Haft befindlichen Personen in diesem Zeitraum von 568 auf 881 gestiegen – um sagenhafte 43 Prozent. Noch schlimmer ist die Situation in Bremen – ein Plus von 91 Prozent – und in Hamburg, das einen Anstieg um 87 Prozent zu verzeichnen hat.[59] Der Berliner Justizsenator Dirk Behrendt (Grüne) sagte gegenüber der Deutschen Presse-Agentur, es würde daran liegen, dass in Deutschland Menschen ohne Wohnsitz wegen Fluchtgefahr schneller in U-Haft kämen. Auch gebe es bei Verurteilungen einen Trend zu kürzeren Freiheitsstrafen, die durch die U-Haft bereits verbüßt seien.[60]

Diese Faktoren mögen im Einzelfall gegeben sein. In allen Fällen gilt: Die steigende Zahl der Menschen, die sich in Untersuchungshaft befinden, wird zwangsläufig dazu führen, dass es auch mehr Fälle geben wird, die nicht innerhalb der gesetzlich vorgegebenen Frist bearbeitet werden können. Mit den bereits skizzierten Folgen.

Das Schlimme ist, dass die Verhältnisse den Verantwortlichen – nicht nur in Berlin – hinreichend bekannt sind. Es ist höchste Zeit, dass endlich sowohl auf Bundes- als auch auf Landesebene nach teilnahmsvollen Worten auch mit Taten reagiert wird. Wir alle haben einen Anspruch auf eine effektive Strafverfolgung!

Wenn zwischen Tat und Urteil
Jahre liegen

Zur Realität in Deutschlands Justiz gehört auch, dass die Strafkammern nach einer erfolgten Anklage längst nicht mehr in der Lage sind, in angemessener Zeit mit der Hauptverhandlung zu beginnen. Ein Hauptverhandlungstermin vor dem Landgericht in Berlin etwa findet üblicherweise erst nach vielen Monaten statt, teils sogar erst nach Jahren. Gleiches gilt für Termine in Berufungssachen, also bei Verfahren, bei denen eine Person, die nicht in Untersuchungshaft sitzt, von einem Amtsgericht verurteilt wurde. Hier kann Berufung gegen das Urteil eingelegt werden, um die Entscheidung einer höheren Instanz zu erreichen – von der Staatsanwaltschaft wegen eines aus ihrer Sicht unzureichenden Strafausspruchs oder vom Angeklagten, dem wenigstens auch daran gelegen sein kann, das Verfahren und mithin gegebenenfalls die Vollstreckung zu verzögern.

Selbstverständlich lassen auch die Berufungsführer (also die Vertreter der Anwaltschaft) ihre Mandanten nicht darüber im Unklaren, dass das Strafmaß milder ausfällt, wenn sich der Zeitraum zwischen Tat und rechtskräftigem Urteil lange hinzieht. Die Seite des Angeklagten wird deshalb alles in ihrer Macht Stehende unternehmen, um die Verfahrensdauer weiter zu strecken. Dass gegebenenfalls selbst der Trumpf einer angeblichen oder tatsächlichen Verhinderung beim anberaumten Sitzungstermin ausgespielt wird, sei hier auch erwähnt. Denn nach dem Gesetz sind Terminschwierigkeiten zu berücksichtigen: Das gilt bei der Verteidigung fast immer, bei den Angeklagten oftmals. Auch die Termin-vorstellungen von Sachverständigen und Zeugen müssen be-rücksichtigt werden. Und Richtern darf der Urlaub ebenso wenig versagt werden wie eine Fortbildung. Wem auch im-mer eine Verfahrensverzögerung zuzuschreiben ist, am Ende profitiert nur einer: der Angeklagte, der aufgrund der Länge des Verfahrens mit einem geringeren Strafmaß rechnen darf. Daraus ergeben sich Urteile, die für die Öffentlichkeit nicht nachvollziehbar sind.

Um es noch einmal zu betonen: Die Ursachen für lang-wierige Ermittlungs- und Strafverfahren sowie Hauptver-handlungen liegen weder im Unvermögen des staatsan-waltschaftlichen oder richterlichen Personals noch in deren Einsatzbereitschaft. Es ist schlicht die Arbeitsmenge, die die Strafjustiz zunehmend lähmt. Und diesen Umstand macht sich die Verteidigung im Bestreben zunutze, die bestmög-lichen Ergebnisse für ihre Mandanten zu erzielen. Ethische oder moralische Bedenken bleiben dabei unbeachtet. Was zählt, ist das Ziel. Wenn ein Freispruch eher unwahrschein-lich ist, gilt es wenigstens, ein möglichst geringes Strafmaß zu erreichen. Zwar hat sich der Bund in den zurückliegen-den Jahren wiederholt bemüht, durch Gesetzesänderungen solch »juristischem Wildwuchs« Einhalt zu gebieten, doch stößt die Justiz bei der praktischen Anwendung fortwäh-rend an ihre Grenzen.

Beschuldigte profitieren im Übrigen aber nicht nur von einem geringeren Strafmaß, sondern teils auch von einer Entlassung aus der Untersuchungshaft. Und das wiederum eröffnet bei Freiheitsstrafen grundsätzlich die Möglichkeit der sogenannten Selbstgestellung. Gemeint ist damit der Strafantritt aus der Freiheit heraus, der den Weg in den offenen Vollzug sofort oder frühzeitig(er) ebnet. Damit umgehen Verurteilte vielfach den geschlossenen Strafvollzug.

Der offene Vollzug eröffnet Verurteilten die Möglichkeit, trotz der Verbüßung einer Freiheitsstrafe die persönlichen und sozialen Bindungen bestmöglich zu erhalten. Doch sollten Sie sich nicht der Vorstellung hingeben, dass diese Vollzugsform nur dem tatsächlich geeigneten Personenkreis zuteilwird. In Berlin jedenfalls gelangten auch wegen schwerer Straftaten Verurteilte entweder sofort oder nach erstaunlich kurzen Zeiträumen in den offenen Vollzug. Dafür verantwortlich zeichnete zum einen eine bestens geschulte Verteidigung. Und zum anderen die mangelhafte personelle Ausstattung im Vollzug.

Wenn einem Verurteilten der offene Vollzug ermöglicht werden soll, müssen dessen persönliche Lebensumstände eingehend überprüft werden. Dazu gehört auch eine Überprüfung der möglicherweise benannten Arbeitsstelle. Wegen Personalmangels ist dies in Berlin offenbar nicht immer ordnungsgemäß durchgeführt worden. So gelangten Verurteilte in den offenen Vollzug, deren »Beschäftigungsverhältnisse« – neutral formuliert – auf langjährigen Bekanntschaften fußten. Oder, um es deutlicher zu machen: Aus verschiedenen und jeweils neuen Ermittlungsverfahren hat sich ergeben, dass Verurteilte aus dem Bereich der Organisierten Kriminalität formal bei Personen beschäftigt waren, die ebenfalls polizei- und gerichtsbekannt waren.

In der jüngeren Vergangenheit musste in Berlin auch wiederholt gegen Beschuldigte aus dem offenen Vollzug ermittelt werden, die im Rotlicht- und Betäubungsmittelmilieu massiv straffällig geworden waren. Diese Verfahren führten schließlich nicht nur zu einer Verlegung in den geschlossenen Vollzug, sondern auch zu Telefonüberwachungsmaßnahmen, Haftbefehlen und neuerlichen rechtskräftigen Verurteilungen.

Ignoranz? In jedem Fall weitgehende Untätigkeit der Politik

Wann immer es in der Justiz oder im Vollzug zu aufsehenerregenden Problemfällen und den dementsprechenden Medienberichterstattungen kommt, können sich Richter- und Staatsanwaltschaft sowie Bedienstete des Justizvollzugs solidarischer Bekenntnisse aus der Politik gewiss sein. Insbesondere Oppositionspolitiker versprechen dann große Unterstützung. Doch all das täuscht nicht darüber hinweg, dass sich nur selten etwas ändert.

Klar, die unhaltbaren Zustände sind den politisch Verantwortlichen hinlänglich bekannt. In Berlin etwa richtete der damalige Vizepräsident des Landgerichts, Christoph Mauntel, am 28. September 2017 ein Schreiben, das auch dem *Tagesspiegel* vorlag, an die Senatsverwaltung für Justiz, Verbraucherschutz und Antidiskriminierung. Darin wies er unter anderem darauf hin, dass zum 15. September 2017 insgesamt »17 von 21 allgemeinen Großen Strafkammern von der turnusmäßigen Verteilung neu eingehender Haftverfahren ausgenommen« waren. Und dass von den verbliebenen vier Kammern zwei »ihre Überlastung angezeigt und eine weitere dieselbe angekündigt« hatten.[61]

Die Konsequenzen waren, dass eine überbordende Anzahl von Verfahren, in denen die Staatsanwaltschaft Anklage erhoben hatte, nicht zur Verhandlung gebracht werden konnte. Wie der Name bereits nahelegt, werden vor den Großen Kammern vorrangig solche Strafsachen erstinstanzlich verhandelt, bei denen Freiheitsstrafen von mehr als vier Jahren drohen.

Der Justizsenator erklärte auf Nachfrage gegenüber dem *Tagesspiegel*, die beklagten Engpässe seien »keine neue Erkenntnis«. Und weiter: »Seit Jahren ist es ein Ärgernis, dass die Verfahren länger und komplizierter werden.«[62] Zumindest in dieser Bewertung dürfte Einigkeit zwischen dem Senator, der Richter- und der Staatsanwaltschaft herrschen.

Statt wirksame Lösungen zu finden, suchte die Politik Schuldige jenseits der eigenen Reihen. So räumte der Sprecher des Senators ein, der Landgerichtsvizepräsident habe »zu Recht auf den desaströsen Zustand (verwiesen), den die CDU in der Berliner Justiz hinterlassen hat«. Senator Dr. Dirk Behrendt selbst ergänzte, er könne »in den ersten zehn Monaten nicht alles reparieren, was die CDU vier Jahre lang heruntergerockt« habe. Dennoch kündigte er verheißungsvoll an, dass »nun die Trendwende« komme.[63]

Wie sie im Detail aussehen soll, diese Antwort blieb er ebenso schuldig wie den Verweis auf die Tatsache, dass

auch schon die verschiedenen sozialdemokratischen Amts-
vorgänger in Sachen Pflege der Justiz nichts unternommen
hatten.

Kapitel 9

Flaschenhalsproblem:
Wenn der Kollaps des Systems
bei der Polizei beginnt

Was oben stecken bleibt, kommt unten nicht an.

Staatsanwaltschaften und Gerichte sind zwei maßgebliche Nadelöhre, an denen sich Verfahren anstauen. Aber der drohende Kollaps des Systems zeichnet sich bereits an einer früheren, für ein Ermittlungsverfahren maßgeblichen Stelle ab: bei der Polizei. Das bundesweite jahrelange Spardiktat hat auch hier zu einer verheerenden Personalnot geführt, die die Beamten nicht nur zu unzähligen Überstunden zwingt, sondern auch zur Folge hat, dass anfallende Aufgaben entweder gar nicht oder bestenfalls erheblich verspätet und in oftmals mangelhafter Qualität erledigt werden.

Im Juli 2020 hat die deutsche Polizei einen Berg von mehr als 20 Millionen Überstunden angehäuft.[64] Zu diesem erschreckenden Ergebnis hat die Berliner Polizei einen ganz erheblichen Anteil beigetragen. Nachdem dort im Herbst 2018 noch 1,4 Millionen Überstunden angefallen waren, hat sich ihre Zahl bis zum Ende des Jahres 2019 auf 1,9 Millionen erhöht.[65] Dazu dürften auch die verstärkten Einsätze im Zusammenhang mit der Corona-Pandemie beigetragen haben.

Und ähnlich wie bei Richter- und Staatsanwaltschaft hat auch die Polizei ein Nachwuchsproblem, außerdem geht in den kommenden Jahren eine hohe Zahl von Polizeikräften in den Ruhestand. In Berlin werden das bis zum Jahr 2029 rund 10 000 Polizeibeamten sein. Mit besorgtem Blick auf diese Entwicklung ist die Berliner Polizeipräsidentin Dr. Barbara Slowik entschlossen, die derzeit 17 500 Kräfte bis 2024 auf 19 000 Bedienstete aufzustocken. Doch deren Rekrutierung stößt schon jetzt an Grenzen: Während Online-Tests »noch ganz gut« verlaufen würden, rauschten die Bewerberzahlen »schon in den Keller, wenn der Lebenslauf angefügt werden soll. Die Qualität entspricht nicht immer unseren Vorstellungen«, so Slowik.[66] Vor allem die mangelnden Deutschkenntnisse seien ein Problem.

Hinzu kommt, dass die Polizei ein Imageproblem hat. Der Beruf gilt als anstrengend, die Dienstzeiten als herausfordernd, die Bezahlung als schlecht. In Berlin versucht man, Berufsinteressenten mit einem »360-Grad-Film« von der Attraktivität des Arbeitsplatzes zu überzeugen. Der virtuelle Rundgang durch die Polizeiakademie kommt sicher besser an als ein tatsächlicher Gang durch die zum Teil sehr maroden Dienstgebäude mit ihrem abgewetzten Mobiliar und der veralteten Technik. Auch eine Besichtigung des teils völlig veralteten Fuhrparks dürfte eher abschreckend wirken. Und ob ein Zuschuss von 1000 Euro für den Führerschein den Nachwuchs in Scharen in den Berliner Polizeidienst locken wird, bleibt abzuwarten.

Derzeit jedenfalls ist die Berliner Polizei personell wie technisch völlig unzureichend aufgestellt. Und wie zahlreiche alarmierende Reportagen oder Artikel in den Medien belegen, sind diese Zustände in allen Bundesländern ähnlich. Die Situation der Polizei hat Auswirkungen auf die Zusammenarbeit mit der Justiz und deshalb zwangsläufig auf den Rechtsstaat insgesamt.

Wenn Haftbefehle nicht vollstreckt werden

Das betrifft insbesondere die polizeiliche Fahndung nach Personen, die mit einem Haft- und vereinzelt auch mit einem Unterbringungsbefehl (er kann bei Taten erlassen werden, die im Zustand der Schuldunfähigkeit oder verminderten Schuldfähigkeit begangen wurden) gesucht werden. Wird ein Haftbefehl nach einem gerichtlichen Erlass ausgestellt, ist die Polizei in letzter Konsequenz für dessen Vollstreckung zuständig. Welche Maßnahmen dazu nötig sind, entscheidet die zuständige Dienststelle.

Wenn früher Haftbefehle bei der Polizei eingingen, wurde dort sofort gehandelt. Örtlichkeiten wurden verdeckt observiert, an denen sich der Gesuchte nach Kenntnis der Strafverfolgungsbehörden aufzuhalten pflegte; Einsatzkräfte wurden rund um die Uhr abgestellt, ein immer engmaschigeres

Netz geknüpft. Je schwieriger sich die polizeiliche Arbeit dabei gestaltete, desto intensiver wurde die Suche. Mit anderen Worten: Bei Bedarf konnte die ohnehin aufwendige Fahndung immer noch um ein weiteres Quäntchen gesteigert werden. Mit dem Ergebnis, dass regelmäßig Fahndungserfolge zu verzeichnen waren. Das war nicht nur für die Beteiligten in Polizei und Justiz motivierend, sondern sorgte zudem in der Bevölkerung für den Eindruck eines konsequent handelnden Rechtsstaats.

Diese Verhältnisse gehören leider weitgehend der Vergangenheit an. Zumindest, wenn nicht mit einer Ziel- oder Intensivfahndung nach den ausgeschriebenen Personen gesucht wird. Gegen alle anderen Gesuchten hingegen werden Haftbefehle in Berlin seit Jahren zumeist anlässlich von Zufallsbegegnungen bei anderen Polizeieinsätzen vollstreckt; gezielte Fahndungserfolge sind die Ausnahme – selbst dann, wenn es sich um schwerwiegende Tatvorwürfe handelt!

Diese Zustände sind absolut unhaltbar, denn von manchen Gesuchten geht vielfach ein erhebliches Gefährdungspotenzial für Dritte aus. Dass das nicht aus der Luft gegriffen ist, zeigt ein Beispiel aus der jüngeren Vergangenheit. So soll ein 21 Jahre alter syrischer Flüchtling mit mehreren anderen Tatbeteiligten in Freiburg am 14. Oktober 2019 eine junge Frau vergewaltigt haben; dafür war er in Untersuchungshaft genommen und angeklagt worden. Im Laufe der Ermittlungen wurde bekannt, dass nach diesem als polizeibekannt beschriebenen jungen Mann wegen verschiedener Gewaltdelikte gefahndet wurde: per Haftbefehl vom 10. Oktober. Wäre er vollstreckt worden, wäre die junge

Frau möglicherweise nicht Opfer dieses Sexualverbrechens geworden. Dass nicht jedem Haftbefehl schwerwiegende Straftaten zugrunde liegen und nicht von jeder gesuchten Person eine bedeutsame Gefährdung für Dritte ausgeht, gehört ebenso zur Wahrheit wie der Umstand, dass der umgekehrte Fall sehr häufig zu beklagen ist.

Nach der späten Aufklärung der Taten des NSU hat die Politik im Jahr 2012 beschlossen, sich regelmäßig einen Überblick über die deutschlandweit nicht vollstreckten Haftbefehle zu verschaffen, um möglichst frühzeitig extremistische und terroristische Strukturen im Untergrund entdecken zu können. Zu diesem Zweck übermittelt das Bundeskriminalamt sämtlichen deutschen Landeskriminalämtern eine Aufstellung von unerledigten Haftbefehlen gegen mutmaßlich politische Extremisten, die nach Prüfung auf Länderebene aktualisiert zurückgesandt werden. Eine Auswertung des Materials mit dem Stichtag 28. März 2019 ergab, dass zu diesem Zeitpunkt in Deutschland 657 offene Haftbefehle gegen insgesamt 497 Rechtsextremisten zur Fahndung ausgeschrieben waren. Darunter 124 in Bayern und 134 in Nordrhein-Westfalen. In der Gesamtschau fällt auf, dass die Zahl der offenen Haftbefehle gegen Rechtsextremisten deutlich angestiegen ist: von 266 im November 2012 auf 501 Ende September 2017; und von 467 Ende September 2018 auf 657 im März 2019.[67]

Dass es sich bei den Tatvorwürfen in rund 82 Prozent der Fälle um weniger schwere Delikte (z. B. Diebstahl, Betrug und Beleidigung) handelte, vermag nicht zu beruhigen. Denn im rechtsextremistischen Bereich werden Gewalttaten und sonstige schwerwiegende Delikte meist von Beschuldigten begangen, die zuvor entweder gar nicht oder wegen weniger schwerer Taten aufgefallen sind. Umso wichtiger ist es, alle möglichen Anstrengungen zu unternehmen, sämtliche Haftbefehle gegen diesen Personenkreis zu vollstrecken!

Von den insgesamt 5980 unerledigten Haftbefehlen gegen politische Extremisten entfielen 4503 auf religiös motivierte Taten, 3919 davon betrafen Personen, die wegen Kampfhandlungen in Dschihad-Gebieten gesucht wurden. Der Vollständigkeit halber sei erwähnt, dass zum Stichtag 28. März 2019 auch Haftbefehle gegen 141 Personen aus dem linksextremistischen Lager offen waren. Unter all den Gesuchten aus dem extremistischen Lager befanden sich 157 Personen, denen Gewaltdelikte wie einfache und gefährliche Körperverletzung sowie in immerhin 18 Fällen Tötungsdelikte zur Last gelegt wurden.[68]

Noch drastischer ist die Lage, wenn man sich die offenen Haftbefehle jenseits extremistischer Strömungen ansieht. Für das Jahr 2019 führt der *Spiegel* in seiner Ausgabe vom 11. September 2019 die beachtliche Zahl von rund 185 000 nicht vollstreckten Haftbefehlen an. Schon im Jahr zuvor hatte die Bundesregierung auf eine Kleine Anfrage der Grünen mitgeteilt, dass mit Stand Ende März 2018 insgesamt 175 395 Haftbefehle nicht von der Polizei vollstreckt worden waren – ein Anstieg vom 7,5 Prozent gegenüber dem Vorjahr. Zudem musste eingeräumt werden, dass sich die durchschnittliche Zeit bis zur Verhaftung von Gesuchten wegen politisch motivierter Delikte deutlich verlängert hat: Betrug dieser Zeitraum 2016 noch 280 Tage, verstrichen zwei Jahre später bis dahin schon 325 Tage.[69]

Die Ursachen für dieses Debakel liegen natürlich nicht in der gestiegenen Cleverness der gesuchten Personen, sondern schlicht an der zu dünnen Personaldecke der Polizei. Die Beamten sind mit immer neuen zusätzlichen Aufgaben konfrontiert, die mit demselben bzw. einem sinkenden Personalbestand erledigt werden müssen. Darunter fallen in Ballungsräumen und Großstädten beispielsweise unzählige Versammlungen, die aus den unterschiedlichsten Gründen personalintensiv begleitet werden müssen. Außerdem fällt die Beobachtung zahlreicher sogenannter Gefährder – vorrangig aus der islamistischen Szene – in den Zuständigkeitsbereich der Polizei. Am 1. September 2020 verzeichneten die deutschen Sicherheitsbehörden hierzulande allein 627 islamistische Gefährder.[70] Die in diesem Zusammenhang eingesetzten Kräfte stehen für das »Tagesgeschäft« nicht zur Verfügung.

Bei der Aufschlüsselung der Zahlen mit Stand vom 26. März 2018 ergaben sich übrigens deutliche regionale Unterschiede, was die offenen Haftbefehle je 10 000 Einwohner angeht. Es dürfte Sie nicht verwundern, dass Berlin mit 24 an der Spitze steht. Am besten sah es in Schleswig-Holstein aus, mit sieben offenen Haftbefehlen.

Kriminaltechnik am Limit

Vielfach können, wie gesagt, Haftbefehle nicht vollstreckt werden, weil sich die dafür notwendigen Ermittlungen in die Länge ziehen. Die Wartezeiten auf wichtige Gutachten und Analysen der kriminaltechnischen Institute beim LKA (LKA KTI) erstrecken sich hier keineswegs auf ein paar Tage oder Wochen, sondern auf Monate, teils sogar Jahre! Diese Tatsache wurde in den vergangenen Jahren mehrfach von den Staatsanwaltschaften angeprangert. Die übergeordneten Stellen reagierten entweder mit beharrlichem Schweigen, ungläubigem Staunen, heftigem Bestreiten oder der beschwichtigenden Empfehlung, auf Besserung zu hoffen, die allerdings nicht zu erwarten ist. In jedem Fall war keine dieser Reaktionen in der Sache hilfreich.

Anders verhielt es sich, als ich diese Zustände im Fernsehen öffentlich ansprach. Wegen der Resonanz meines Auftritts waren die Verantwortlichen genötigt, auf Anfragen von Politik- und Medienvertretern die Lage beim LKA KTI offen einzuräumen. Die Präsentation der Daten offenbarte das ganze Ausmaß der katastrophalen Verhältnisse. So wurde auf die parlamentarische Anfrage eines Berliner FDP-Abgeordneten hin bekannt gemacht, dass sich die Zahl noch nicht abgeschlossener Untersuchungen seit Ende 2014 bis Ende 2018 etwa verdoppelt hat: auf fast 52 000 unerledigte Aufträge.[71]

Ein außerordentlich großer Anteil der Rückstände betraf sogenannte molekulargenetische Untersuchungen (DNA). Deren Zahl hat sich insbesondere bei Sexualstraftaten und Tötungsverbrechen vervielfacht, weil zum einen Spuren heute besser gesichert werden können und zum anderen der wissenschaftliche Fortschritt für völlig neue Untersuchungsmethoden gesorgt hat. Die Anzahl der Gutachten insgesamt (unter anderem zu Schriftvergleichs- und Werkzeugspurenuntersuchungen, Fingerabdruckspuren), die beim LKA KTI angefragt wurden, lag in Berlin 2018 bei 136 000.[72] Ein Plus von 18 000 im Vergleich zu 2014. Allein bei den ausstehenden DNA-Untersuchungen war ein Anstieg der Rückstände von 5900 (2014) auf 29 000 im Sommer 2019 zu verzeichnen. Sie haben sich innerhalb von fünf Jahren fast verfünffacht!

Es liegt auf der Hand, dass sich aufgrund der komplexeren Untersuchungsmethoden natürlich auch die Bearbeitungsdauer deutlich erhöht hat. Bezeichnend war in diesem Zusammenhang die Offenbarung der Berliner Innenverwaltung, dass die »durchschnittliche Bearbeitungsdauer bei 58 Tagen« liege. Wobei die molekulargenetische Untersuchung bei Kapitalverbrechen »vorrangig erfolgen« würde.[73] Von Letzterem sollte man eigentlich ausgehen dürfen! Offen blieb, ob dieser Zeitraum in Werk- oder Kalendertagen bemessen wurde. Im letztgenannten Fall wären es knapp zwei Monate, ansonsten fast zwölf Wochen!

Die »zu erwartende durchschnittliche Bearbeitungsdauer« in anderen Feldern der Spurensicherung gestaltet sich wie folgt:

Untersuchungsgegenstand	Wochen (kalendarisch)	Wochen (Werktage)
Fingerabdrücke	34	47
Waffen	34	48
Urkunden und Handschriften	46	65

Diese Zeitangaben sprechen für sich.

Die eklatanten Wartezeiten ziehen natürlich eine Kettenreaktion in anderen Bereichen des Polizei- und Justizapparats nach sich – mit den bereits skizzierten Folgen. Aufseiten der Beschuldigten dürften diese bitteren Fakten erfreut zur Kenntnis genommen werden. Und für die Opfer einer Straftat muss es sich anfühlen, als würden sie verhöhnt und nicht ernst genommen.

Diese prekäre Situation wird sich in Zukunft weiter verschärfen, denn der Bundesgesetzgeber hat der Strafverfolgung in verschiedenen Bereichen Befugnisse eingeräumt, die weiter reichen als die bisherigen Vorschriften. Betroffen davon sind auch die molekulargenetischen Untersuchungen. Den Anstoß dazu hatte ein Fall aus dem Jahr 2016 gegeben: Eine Freiburger Studentin war auf dem Heimweg von einer Party vergewaltigt und umgebracht worden. DNA-Spuren des später zu lebenslanger Haft mit anschließender Sicherungsverwahrung verurteilten Täters konnten zwar sichergestellt werden, lieferten aber keine nennenswerten Erkenntnisse. Der damalige Freiburger Polizeipräsident forderte eine Ausweitung der Analysemöglichkeiten auf Merkmale zu Haar-, Augen- und Hautfarbe.

Einige Monate später brachte das Land Baden-Württemberg einen Gesetzentwurf in den Bundesrat ein – damit gelangte das Thema auf die Agenda der Bundespolitik. Bereits im neuen Koalitionsvertrag des Jahres 2018 vereinbarten CDU/CSU und SPD die Erweiterung der DNA-Analyse. Bis dahin war es gesetzlich nur erlaubt, an geeignetem Spurenmaterial molekulargenetische Untersuchungen vorzunehmen, um damit die Abstammung und das Geschlecht fest-zustellen (§ 81 e Absatz 1 StPO). Sofern die Daten aber nicht wegen einer vorangegangenen Straftat gespeichert waren, fehlte es zumeist an daraus folgenden Ermittlungsansätzen. Immerhin konnten die Ermittler so wissenschaftlich fundiert abklären, ob die spurenverursachende Person weiblichen oder männlichen Geschlechts war. Wenn man bedenkt, dass nur etwa 25 Prozent der Tatverdächtigen insgesamt und ein Bruchteil dessen bei Gewaltdelikten weiblichen Geschlechts ist, konnte diese Erkenntnis den Täterkreis durchaus eingrenzen, ohne weiterreichende Erkenntnisse zu erbringen.

Im Jahr 2019 schließlich erweiterte der Deutsche Bundestag den Untersuchungsumfang. In § 81 e Absatz 2 StPO steht geschrieben: »(...) Ist unbekannt, von welcher Person das Spurenmaterial stammt, dürfen zusätzliche Feststellungen über die Augen-, Haar- und Hautfarbe sowie das Alter der Person getroffen werden (...).« Damit trug die Legislative den jahrelangen Forderungen aus der Praxis in weiten Teilen Rechnung. Denn so wird den Ermittelnden die Möglichkeit eröffnet, den Kreis Tatverdächtiger enger zu ziehen. Natürlich können die Haarfarbe verändert und farbige Kontaktlinsen getragen werden, doch ist das Untersuchungsergebnis ein wichtiger Ansatz für entsprechende Ermittlungen, beispielsweise durch die Vernehmung von Zeugen oder den Vergleich mit älteren Bildaufnahmen.

Die Forderung, auch Untersuchungen zur biografischen Herkunft zu berücksichtigen, wurde allerdings abgelehnt. Die Bundesministerin der Justiz und für den Verbraucherschutz Christine Lambrecht (SPD) warnte in diesem Zusammenhang davor, dass mit einer Veröffentlichung der Herkunft einer Person »größere Gruppen an den Pranger gestellt werden (könnten), etwa alle Afrikaner oder alle Asiaten«, und der »Vorwurf der Diskriminierung angebracht« sei.[74] Die Erwägung, dass derartige Erkenntnisse auch aus anderen Quellen mit weitaus geringerer Aussagekraft zu gleichartigen Ermittlungsansätzen führen könnten, hat die Bundesministerin entweder nicht angestellt oder aber für entbehrlich erachtet. Was die Herkunft einer Person angeht, führte sie kurz und knapp aus: »Das hilft ermittlungstaktisch nicht weiter.«[75] Und eben diese Behauptung entspricht nicht der Wirklichkeit.

Aus verschiedenen Verfahren ist nämlich bekannt, dass die biografische Herkunft einer spurenverursachenden Person oftmals genau den noch fehlenden Anhaltspunkt für Erfolg versprechende Ermittlungen bietet. Weil diese so auf bestimmte Gruppen und deren Umfeld konzentriert werden können. Abgesehen davon sollte man nicht außer Acht lassen, dass molekulargenetische Untersuchungen allein nur eines belegen: dass Spuren verursacht wurden. Einen Tatnachweis zu erbringen vermögen sie hingegen nicht.

Völlig richtig hingegen lag die Justizministerin mit ihrer Einschätzung, was die hohen Kosten sowie den enormen Zeitaufwand der neuen Analysemethoden angeht. Allerdings sollte der Rechtsstaat sich grundsätzlich nicht von Kostengedanken leiten lassen, sondern allein vom Blick auf die Verhältnismäßigkeit. Sollten sich DNA-Untersuchungen im Lichte des sonstigen Ergebnisses der Ermittlungen – beispielsweise mit einem glaubhaften Geständnis eines/einer Beschuldigten und anderen zweifelsfreien Beweisen – als nicht zwingend notwendig erweisen, können die aufwendigen Untersuchungen selbstverständlich zurückgestellt werden. Das entspricht im Übrigen seit Jahr und Tag dem üblichen Vorgehen.

Zur Wirklichkeit zumindest in Berlin gehört aber auch, dass selbst notwendige Untersuchungen vielfach unterbleiben. Diese mehr als bedenkliche Situation möchte ich Ihnen gern anhand eines Beispiels verdeutlichen. Anfang 2017 konnte im Zusammenhang mit einem Tötungsverbrechen relevantes molekulargenetisches Spurenmaterial gesichert werden. Ein Abgleich mit den Datenbanken ergab keinen Treffer. Daher wäre eine weitergehende Untersuchung des Materials durch das Kriminaltechnische Institut des Landeskriminalamts nicht nur angezeigt, sondern zwingend erforderlich gewesen. Aber auf Nachfrage teilte das LKA KTI mit, dass die Untersuchungen zurückgestellt werden müssten. Man sei noch mit der Identifizierung verschiedener Opfer des Terroranschlags auf dem Berliner Breitscheidplatz beschäftigt, den der Islamist Anis Amri begangen hatte – und zwar bereits am 19. Dezember 2016.

Ohne Opfer und Taten miteinander vergleichen zu wollen: Die Zurückstellung von kriminaltechnischen Untersuchungen bei einem Tötungsverbrechen ist schlicht inakzeptabel. Dass dadurch ein schneller Ermittlungsverfolg gefährdet wird, liegt ebenso auf der Hand wie die Möglichkeit einer zwischenzeitlichen und womöglich endgültigen Flucht von Tatverdächtigen.

Darüber hinaus erweist sich der Umgang mit DNA-Untersuchungen auch in anderen Kriminalitätsbereichen als unzureichend. In der Berliner Staatsanwaltschaft sind Abteilungsleitungen – also Oberstaatsanwältinnen und Oberstaatsanwälte – verpflichtet, wöchentlich ein-, sehr häufig aber auch zweimal jeweils zwanzig Verfahren abzuschließen, die keine Anhaltspunkte für die Ermittlung einer tatverdächtigen Person aufzuweisen scheinen (sogenannte UJs-Sachen). Der Strauß der Verfahrensgegenstände ist bunt, er umfasst unter anderem Fälle einfacher Kriminalität, aber auch Diebstähle von oder aus Kraftfahrzeugen sowie Diebstähle aus Wohnungseinbrüchen.

Erfreulicherweise sind Polizeibedienstete vielfach in der Lage, für DNA-Untersuchungen geeignete Spuren zu sichern. Und erfreulicherweise ergibt ein Abgleich mit bereits gespeicherten Daten häufig einen Treffer. Die Spur kann so einer bestimmten Person zugeordnet werden, wenngleich eine Tatbeteiligung damit (noch) nicht erwiesen ist. Der übliche nachfolgende Schritt auf dem weiteren Weg zum Abschluss der Ermittlungen ist die Eintragung dieser Person als Beschuldigte(r). Doch fast immer ist dieser erste Schritt zugleich der letzte.

Denn nach meinen Berliner Erfahrungen gehen solche »Treffermeldungen« regelmäßig erst Jahre nach der Tatbegehung ein. Dies ist schlicht dem Umstand der unsäglichen Überlastung des LKA KTI geschuldet. Mit der Folge, dass etwa Straftaten von sogenannten reisenden Tätern – vor allem Kfz-Diebstähle und Wohnungseinbrüche – nicht geahndet werden können. Weil der Beschuldigte längst über alle

Berge ist, bis die Spur ausgewertet und, sofern möglich, zugeordnet werden kann. Dass einer dieser Beschuldigten mit oftmals ausländischem Hintergrund und ohne Wohnsitz im Geltungsbereich der deutschen Strafprozessordnung für weitere Nachfragen oder gar eine Vernehmung Jahre nach der Tat zur Verfügung stünde, ist mir weder aus eigener noch zugetragener Erfahrung bekannt.

Im Jahr 2019 hat man bei der Berliner Polizei den vermeintlichen »Königsweg« zur Lösung dieses Problems entdeckt und unter Einbindung der Staatsanwaltschaft Kriterien zur Bestimmung der Werthaltigkeit einer DNA-Spur entworfen. Diese Werthaltigkeit soll darüber Auskunft geben, ob eine molekulargenetische Untersuchung überhaupt sinnhaft und zielführend erscheint. Die neue Linie der Polizei führte allerdings auch dazu, dass Spuren als nicht tauglich erachtet wurden, um bei der Staatsanwaltschaft einen Untersuchungsverzicht zu erwirken. Der dortigen Arbeitslast geschuldet, werden solche Verzichte vielfach erklärt. Aber auf diese Weise die Halde der Rückstände bei den polizeilichen DNA-Untersuchungen abtragen zu wollen, ist nicht hinnehmbar. Umgekehrt gilt, dass die ermittelnden Polizeibeamtinnen und -beamten immer wieder den Verdacht hegen, sie sollten derartige Spuren am besten gar nicht mehr sichern. Um ein weiteres Anwachsen des Gutachtenstaus und der staatsanwaltschaftlichen Aktenberge zu verhindern? Wohl kaum. Denn es geht um Strafverfolgung, nicht um Arbeitsvermeidung. Unter den gegebenen Umständen leisten die Beschäftigten in Polizei und Kriminaltechnik sicher das Bestmögliche. Aber eben nur angesichts der gegebenen Umstände.

Vermögensabschöpfung

Bei aller bisher geübten Kritik möchte ich Ihnen nicht vorenthalten, dass sowohl die Bundes- als auch die Landespolitik das Problem »Rechtsstaat« erkannt hat und es zu Aktivitäten auf verschiedenen Ebenen gekommen ist. So wurden in den zurückliegenden Monaten verschiedene rechtspolitische Themen seitens der Politik öffentlich erörtert, einige legislative Vorhaben sind bereits umgesetzt, andere in Aussicht gestellt worden. Doch bei aller Genugtuung lohnt der Blick ins Detail.

Seit dem 1. Juli 2017 gelten in Deutschland neue Regeln für die Vermögensabschöpfung aus Straftaten, mit denen eine Richtlinie des Europäischen Parlaments umgesetzt wurde.[76] Die neuen Regeln ermöglichen die Sicherstellung und Einziehung von Tatwerkzeugen sowie den Zugriff auf Vermögen aus unklarer Herkunft, wobei die Beweislast nicht länger bei den Ermittlungsbehörden liegt. Stattdessen müssen nun die Betroffenen nachweisen, dass sie ihr Vermögen rechtmäßig erworben haben. Von diesem Instrumentarium wird seither – in unterschiedlichem Umfang – Gebrauch gemacht, vor allem im Bereich der Clankriminalität.

In Berlin hat die Staatsanwaltschaft von Inkrafttreten der Vorschriften bis Oktober 2018 Einziehungen in einem Gesamtwert von fast 110 Millionen Euro erwirkt – innerhalb eines Zeitraums von nur anderthalb Jahren.[77] Darunter waren auch 77 beschlagnahmte Immobilien einer arabischen Großfamilie im Gegenwert von fast 10 Millionen Euro. Allein die daraus erzielten Mieteinnahmen erreichten monatlich eine Höhe von 350 000 Euro. In Schleswig-Holstein wurde im gleichen Zeitraum die Abschöpfung von Vermögen im Wert von 18 Millionen angeordnet. Davon wurden 14,5 Millionen zugunsten der Opfer eingezogen, 3,4 Millionen fielen an den Staat. Im Zeitraum vor Inkrafttreten der Verordnung waren die Summen deutlich niedriger: 2,26 Millionen Euro zugunsten der Opfer, weniger als 1 Million Euro für den Staat. Ähnliche Steigerungen lassen sich auch in anderen Bundesländern feststellen. In Hessen von 4,3 auf 7,8 Millionen Euro, in Rheinland-Pfalz von 2,12 auf 13,01 Millionen Euro. Spitzenreiter im Jahr 2018 war Nordrhein-Westfalen mit einer Gesamtsumme von 77,2 Millionen Euro.[78] Die damalige Bundesjustizministerin Katarina Barley (SPD) verkündete freudig: »Erfolge sehen wir bereits. Das zeigt einmal mehr: Verbrechen lohnt sich nicht.«[79]

Damit diese Erkenntnis auch im Bereich der Organisierten und der Clankriminalität ankommt, bedarf es allerdings weiterer Anstrengungen. Denn zum einen beruhen viele der vermögensabschöpfenden Maßnahmen auf Zufallsfunden. Und zum anderen gehören sie längst noch nicht zu den Standardmaßnahmen der Polizei. Wegen der Komplexität des Themas gebe es »Anwendungshemmnisse« bei den Ermittlern, räumte der GdP-Bundesvorsitzende Oliver Malchow gegenüber der Deutschen Presseagentur ein.[80] Mit anderen Worten: Das zuständige Personal muss ausreichend fortgebildet werden. Außerdem muss man feststellen, dass der Fortschritt, den der Gesetzgeber mit den neuen Vorschriften erzielt hat, nicht zu Fortschritten bei den neuralgischen

Punkten in den Behörden geführt hat: Die Mehrarbeit ist vom bisherigen Personalbestand zu erledigen.

Darüber hinaus stehen uns noch zahlreiche und vor allem wegweisende Entscheidungen der zuständigen Gerichte zur Vermögensabschöpfung bevor. Denn wie nicht anders zu erwarten war, haben viele der Betroffenen den Rechtsweg beschritten. Ebenfalls noch ausstehend ist eine Entscheidung des Bundesverfassungsgerichts zu der Frage, ob die Möglichkeit der Vermögensabschöpfung gegen die Prinzipien der Rechtssicherheit verstößt, falls die zugrunde liegende Tat vor Inkrafttreten des neuen Gesetzes bereits verjährt war. All diese gerichtlichen Entscheidungen werden die rechtlichen Weichen für die Zukunft stellen und deshalb mit großer Spannung erwartet. An den personellen Defiziten werden sie gleichwohl nichts ändern.

Exkurs Clankriminalität

Das Thema Clankriminalität ist inzwischen nicht nur vom Gesetzgeber, sondern auch von weiten Teilen der Politik als großes Problem erkannt worden. Ausgehend von Nordrhein-Westfalen hört man in diesem Zusammenhang immer wieder, man wolle Clans gegenüber von nun an einen »Null-Toleranz-Kurs« fahren. In den deutschen Strafverfolgungsbehörden wird der Begriff »Clan« für eine ethnisch abgeschottete Subkultur verwendet, die in der Regel patriarchalisch-hierarchisch organisiert ist und einer eigenen Werteordnung folgt. Ursprünglich entstammten die vielfach kriminellen Mitglieder solcher Clans anatolischen und arabischen Großfamilien, die überwiegend in Berlin, Bremen, Niedersachsen und eben Nordrhein-Westfalen beheimatet sind.

Begrifflichkeiten wie »arabische Großfamilien« und »kriminelle Clans« werden öffentlich und in den Medien häufig synonym verwendet. Es fehlt an einer Differenzierung, denn mitnichten haben sämtliche Mitglieder dieser Familien und Gruppierungen gegen Gesetze verstoßen. Umgekehrt darf nicht verschwiegen werden, dass Mitglieder dieser Familien und Clans sich zunehmend auf Bereiche verlegen, die sich zum »Geldwaschen« bestens eignen (Internet-Cafés, Shisha-Bars, Gaststätten usw.) und auch sonst verschiedene Bereiche krimineller Delikte umfassen. Vor allem in den Bereichen Betäubungsmittelhandel, Prostitution, Schutzgelderpressung, Raubüberfälle, Einbrüche und schwere Diebstähle. Es liegt auf der Hand, dass in diesen lukrativen Bereichen verschiedene Clans um die Vorherrschaft kämpfen.

Beispielhaft sei an einen Vorfall erinnert, der sich an einem Sonntagnachmittag im September 2018 auf dem Tempelhofer Feld ereignete. Im Beisein seiner Partnerin und Kinder war Nidal R. beim Grillen mit mehreren Schüssen getötet worden. Der Schütze und mindestens zwei weitere Männer flüchteten mit einem Auto, das später ausgebrannt gefunden wurde. Der als Clanmitglied und Intensivtäter bekannte Libanese Nidal R. hatte von seinen 36 Lebensjahren rund 14 Jahre in Haft verbracht: wegen gefährlicher Körperverletzung, schweren Diebstählen, Betäubungsmitteldelikten, Nötigung und gefährlichen Eingriffs in den Straßenverkehr. Wegen seines von Gesetzen und Polizei unbeeindruckten Auftretens in der Öffentlichkeit hatte er über seine Kreise hinaus einige Berühmtheit erlangt. Wie der Aussteiger Khalil O. im September 2020 berichtete, sei es zwischen Nidal R.s Clan und einer anderen Familie um Drogengeschäfte und die Reviere an den U-Bahnhöfen von Neukölln gegangen. Zur Eskalation habe »ein krasser Fehler« geführt, so zumindest erzähle man es sich in der Community. Eine vorangegangene Ehrverletzung, ein gescheiterter Vermittlungsversuch und schließlich die Anordnung: »Nidal muss sterben.«[81]

Dass bis zur Fertigstellung dieses Buches der Täter noch nicht gefasst war, wird Sie nicht überraschen. Anders verhält es sich vielleicht mit den Umständen der Trauerfeierlichkeiten. Rund 2000 Personen fanden sich ein, darunter die Oberhäupter zahlreicher großer Clans, ein erheblicher Anteil der Anwesenden war polizeilich bekannt. Sogar ein renommierter Berliner Strafverteidiger erwies dem Getöteten die letzte Ehre. 150 Einsatzkräfte der Polizei sicherten die Beisetzung. Manches Staatsbegräbnis dürfte weniger Aufsehen erregen.

Insbesondere in Berlin, wo 15 bis zwanzig Clans leben sollen,[82] schrecken kriminelle Clanmitglieder vor Gewalttaten und Tötungsverbrechen selbst auf offener Straße in jüngster Zeit immer weniger zurück. Der Umstand, dass diese Taten bislang vorwiegend innerhalb des Milieus begangen wurden, kann dabei nicht trösten. Vielmehr sind diese Verbrechen alarmierende Demonstrationen der Missachtung des hiesigen Rechts und der abendländischen Wert-

174

vorstellungen. Viele dieser Clan- und Familienmitglieder lassen sich weder von unseren Gesetzen noch von unseren Polizei- und Strafverfolgungsbehörden beeindrucken.

Ein Angehöriger einer solchen Familie, der Anfang 2020 wegen seiner Beteiligung an dem weit über Berlin hinaus beachteten Diebstahl einer schweren Goldmünze aus einem Museum rechtskräftig zu einer viereinhalbjährigen Jugendstrafe verurteilt worden war, steht derzeit im dringenden Verdacht, auch an dem aufsehenerregenden Einbruch im Dresdener »Grünen Gewölbe« am 25. November 2019 mitgewirkt zu haben.[83] Selbstverständlich gilt bis zu einer rechtskräftigen Verurteilung die Unschuldsvermutung. Dennoch wäre es gleichermaßen erstaunlich wie erschütternd, wenn dieser junge Mann diese neue Tat, die deutliche Parallelen zum Goldmünzenraub zeigt, im Verlauf der Berliner Hauptverhandlung begangen hätte. Dass er zudem wegen eines im Herbst 2018 in Erlangen begangenen Firmeneinbruchs im November 2019 erstinstanzlich vom Amtsgericht in Erlangen zu zweieinhalbjährigem Freiheitsentzug verurteilt worden ist, sei nur am Rande erwähnt.[84]

Die verschiedenen Clans haben sich im Laufe der zurückliegenden Jahrzehnte in weiten Teilen Deutschlands weitgehend unbehelligt ausbreiten und in ihren Strukturen verfestigen können. So entstand ein stabiles Gefüge, das kriminelle Machenschaften immens erleichterte – und den Zugang von Polizei und Justiz enorm erschwerte. Denn neben brutaler Gewalt, die einem Abweichler droht, sind die Mitglieder durch einen strikten Ehrenkodex verbunden. Gleichwohl gab es polizeiliche Bemühungen zur Erhellung der vielen Dunkelfelder. Eines dieser Dunkelfelder ist die Feststellung der tatsächlichen Herkunft von Beschuldigten. Immer wieder beriefen diese sich darauf, Personaldokumente verloren zu haben, sie gaben nicht nur fragliche Namen, sondern vor allem unzutreffende Geburts- und Aufenthaltsorte vor, die einer möglicherweise drohenden Ausweisung und Abschiebung entgegenstanden. In Kreisen der Berliner Polizei und Justiz sowie der Ausländerbehörde ging dabei niemand ernstlich von einem Versehen aus.

Um den juristischen Boden für Abschiebungsmaßnahmen zu bereiten, war deshalb beim Berliner LKA schon im Jahr 2000 die »Gemeinsame Ermittlungsgruppe Ident« (GE Ident) gegründet worden. Sie ist ausschließlich dafür zuständig, die wahre Identität von Straftätern zu ermitteln, die etwa behaupteten, Bürgerkriegsflüchtlinge aus dem Libanon mit ungeklärter Staatsangehörigkeit zu sein. Ziel der Einheit war es, Nachweise über die tatsächlichen Identitäten zu erbringen und die Personen auf dieser Grundlage gegebenenfalls ausweisen zu können. Der Einsatz der GE Ident führte insgesamt in 42 Fällen zur Aufdeckung falscher Identitäten und zu nachfolgenden Abschiebungen, wobei nach Angaben der Polizei außerdem 45 Schwerkriminelle freiwillig ausgereist sein sollen, nachdem sie von den Ermittlungen dieser Einheit erfahren hatten.[85]

Mit dem Verweis auf eine »reine Organisationsveränderung« zur Effizienzsteigerung wurde die GE Ident im Herbst 2008 nach acht Jahren wieder aufgelöst, und die elf Mitarbeitenden wurden in einer anderen Abteilung des LKA eingesetzt, um dort ihre Erfahrungen im Zusammenhang mit vornehmlich grenzüberschreitender Kriminalität einzubringen. Es gab nur wenige, die dieser offiziellen Erklärung der Berliner Polizeiführung Glauben schenkten. Mittlerweile hat ein Großteil dieser Problematik sich auf andere Weise erledigt. Denn viele Mitglieder dieser Clans oder Großfamilien besitzen inzwischen die deutsche Staatsangehörigkeit, sodass sich die Frage nach einer Ausweisung oder Abschiebung gar nicht mehr stellt.

Ungeachtet dessen bleiben die Clans mit der von ihnen ausgehenden Gefahr für die Gesellschaft im Blickpunkt nicht nur des öffentlichen, sondern auch des polizeilichen Interesses. Den Impuls hierfür setzte das Land Nordrhein-Westfalen. Dort stellte Innenminister Herbert Reul (CDU) am 15. Mai 2019 das bundesweit erste »Lagebild Clankriminalität«[86] vor, aus dem sich mit Blick auf die beiden zurückliegenden Jahre unter anderem Folgendes ergab:

- 104 einschlägig bekannte Großfamilien in Nordrhein-Westfalen mit
- 6449 Tatverdächtigen,
- denen 14 425 ermittelte Straftaten zur Last gelegt werden, davon
- über ein Drittel Rohheitsdelikte (z. B. Bedrohung, Nötigung, Raub und gefährliche Körperverletzung) und
- 24 vollendete sowie zwei versuchte Tötungsverbrechen.

Der Innenminister legte außerdem dar, dass die örtlichen Schwerpunkte der kriminellen Clanaktivitäten in den Metropolen des Ruhrgebiets lagen. Für das Jahr 2018 gingen in Essen 730, in Recklinghausen 348 und in Gelsenkirchen 335 Straftaten auf das Konto von Clans. Im erfassten Zeitraum 2017/18 lag die Stadt Essen mit 1114 Tatverdächtigen unangefochten an der Spitze in Nordrhein-Westfalen.

Aus dem vorgelegten Lagebild ergab sich zudem, dass zehn Clans für rund 30 Prozent der erfassten Straftaten verantwortlich gemacht wurden, wobei sich die Staatsangehörigkeiten der Tatverdächtigen von 2016 bis 2018 wie folgt verteilten:

- ohne Angaben: 2 Prozent
- staatenlos: 3 Prozent
- deutsch: 36 Prozent
- libanesisch: 31 Prozent
- türkisch: 15 Prozent
- syrisch: 13 Prozent

Nach dem zutreffenden Hinweis, dass »jahrelang (...) die Hinweise der Bürger, aber auch aus Polizeikreisen zu diesem Problem geflissentlich ignoriert« worden seien, erklärte der Innenminister: »Damit ist nun endlich Schluss. Bei uns gilt nicht das Gesetz des Clans, sondern das Gesetz des Staates.« Der Kampf gegen Clankriminalität sei hiermit eröffnet.[87]

Zahlreiche andere Länder schlossen sich dieser Kampfansage an, wobei ich mich an Begrifflichkeiten wie »Null-Toleranz-Strategie« störe. Sich den gesetzlichen Verboten entsprechend zu verhalten gilt im selben Maße überall und für jeden einzelnen Menschen in Deutschland. Uneingeschränkt zu begrüßen ist aber natürlich, dass die Polizei seither rigoros gegen Clans, arabische Großfamilien und deren Umfeld vorgeht. Bundesweit gab es zahl- und umfangreiche Einsätze, bei denen auch immer wieder die Einhaltung verschiedener Nebengesetze (z. B. Gaststättengesetz, Gewerbeordnung, Straßenverkehrsordnung, Zollvorschriften usw.) überprüft wird.

In Berlin hatte der zuständige Innensenator Andreas Geisel (SPD) schon Ende 2018 den Kampf gegen die Clankriminalität eröffnet. Verantwortliche aus verschiedenen Verwaltungen sowie aus den Finanz- und Justizressorts wurden zusammengerufen, das LKA richtete eine Koordinierungsstelle ein, um auf verschiedenen Ebenen gegen dieses kriminelle Milieu vorzugehen.[88] Der gemeinsam erarbeitete Plan sah unter anderem vermehrte Gewerbe- und Finanzkontrollen vor, um Geldwäsche über Scheingeschäfte zu verhindern, außerdem die Überprüfung einschlägiger Bars und Geschäfte. Man erhoffte sich davon bedeutsame Hinweise für die Steuerfahndung und die Gründung einer Spezialabteilung zur Abschöpfung kriminellen Vermögens seitens der Generalstaatsanwaltschaft.[89] Darüber hinaus bestand Einigkeit, selbst kleinere Verstöße gegen die Straßenverkehrsordnung (z. B. ordnungswidriges Halten und Parken), Ruhestörung und Verstöße im Bereich der Gastronomie-Gesetze konsequenter zu verfolgen.

Was die Ahndung von Ordnungswidrigkeiten im Zusammenhang mit dem Halten oder Parken von Autos angeht, kann ich Ihnen leider ebenso wenig statistische Daten vorlegen wie zur Verfolgung von Ruhestörungen. Eigene Wahrnehmungen sowie Schilderungen Dritter aus Polizei und

Ordnungsämtern lassen allerdings erhebliche Zweifel an einer tatsächlichen Umsetzung der verkündeten Absichten aufkommen. Angesichts der Personalnot bei diesen Behörden wäre das keine Überraschung. Entsprechendes dürfte für die medienwirksam verkündete Vorstellung gelten, Aussteigern aus dem Clanmilieu mit staatlichen Mitteln behilflich zu sein oder gar Kinder aus betroffenen Familien in staatliche Obhut zu nehmen – wegen der andernfalls drohenden Gefährdung.[90] Das sind hehre Ziele, nur sind sie mit geltendem Recht schwerlich zu erreichen. Dafür notwendige Gesetzesänderungen sind bislang nicht auf den Weg gebracht worden.

Daher kann ich mich des Eindrucks nicht erwehren, dass mit solchen öffentlichkeitswirksamen Forderungen entschlossenes Vorgehen suggeriert werden soll. Solange jedoch der juristische Boden für derartige Maßnahmen nicht bereitet ist, sollte man das lieber unterlassen. Denn das führt nur zu unrealistischen Erwartungen, nicht zuletzt in der Bevölkerung.

Strategie der 1000 Nadelstiche

Die vielen verschiedenen Maßnahmen, auch in Bereichen, die auf den ersten Blick abwegig erscheinen, gehören zur Strategie der »1000 Nadelstiche« – ein einzelner tut nicht weiter weh, in Summe dagegen schon. So fanden allein in Nordrhein-Westfalen im Zeitraum vom 1. Januar bis zum

31. Dezember 2019 durch die Polizei und andere beteiligte Behörden

- mehr als 870 Kontrollen in
- rund 1900 Shisha-Bars und anderen vergleichbaren Objekten mit
- rund 2900 Sicherstellungen,
- der Feststellung von knapp 8300 Straftaten und Ordnungswidrigkeiten sowie
- rund 330 freiheitsentziehenden Maßnahmen

statt.[91] In Berlin erfolgten von Mai bis Dezember 2019 insgesamt 295 Polizeieinsätze – davon 77 unter Beteiligung anderer Behörden; sichergestellt wurden dabei 123 Pkw und zwei Motorräder. Da Bremen und Niedersachsen Razzien statistisch nicht erfassen, liegen aus diesen beiden Bundesländern zwar keine Zahlen vor, aber wenigstens aus Bremen war zu hören, dass es dort »mehrfach behördenübergreifend Gaststättenkontrollen« gegeben habe.[92]

All diese kleinen Nadelstiche tragen dazu bei, das Sicherheitsgefühl in den Clanmilieus zu schwächen. Es sind Erfolge, die aber nicht darüber hinwegtäuschen können, dass viele Antworten auf die weiterhin drängenden Fragen zum Fortbestand und -wirken von Clans und Großfamilien nach wie vor offen sind. Die in Deutschland fast flächendeckend mit unzureichendem Personal ausgestattete Polizei kann zwar die Maßnahmen im Zusammenhang mit den Clans umsetzen, stößt dafür aber in anderen Kriminalitäts- und Präventionsbereichen an ihre Grenzen. Und weitere hin-

länglich aus der Vergangenheit bekannte Probleme treten
auf. Auf einer Tagung der Berliner Innenverwaltung erklärte
der mittlerweile pensionierte Oberstaatsanwalt Sjors Kamstra (zuletzt als Hauptabteilungsleiter für den Bereich der
Organisierten Kriminalität bei der Staatsanwaltschaft Berlin
zuständig), dass es seiner Kenntnis nach acht zumeist ara-
bischstämmige Clans mit einem auffallend großen Anteil
krimineller Mitglieder in Berlin gebe, die »die Aura (vermitteln), dass ihnen der Staat nichts anhaben kann«.[93] Der
Justiz fehle es an Technik und Personal, sodass man »zu-
weilen monate- oder gar jahrelang auf die Auswertung si-
chergestellter Laptops« warten müsse. Noch bedenklicher
erscheint, was Kamstra über die konkrete Gefahr der Ein-
flussnahme auf Zeuginnen und Zeugen durch Clanmitglieder mitteilte. Diese seien »in der Lage, nahezu jeden Zeugen
zu manipulieren«, sodass Betroffene auf der Suche nach
einem Rechtsbeistand auf teils unüberwindbare Hindernisse
stießen, weil die Anwaltschaft wegen der Beteiligung eines
Clans auf der Beschuldigtenseite zur Übernahme der Ver-
tretung nicht bereit sei.[94] Hier warten auf Legislative, Exekutive und Judikative schwere Aufgaben, die nicht verwei-
gert oder aufgeschoben werden dürfen. Das staatliche
Handeln muss zielführend und sachgerecht organisiert sein,
auch wegen der damit verbundenen Kosten.

Die medienwirksame Abschiebung des Clanmitglieds Ibrahim I. aus Bremen im Juli 2019 ging nicht nur mit einem immensen Personalaufwand einher, sondern mit Kosten in Höhe
von rund 65 000 Euro.[95] Die öffentliche Genugtuung über
diese Abschiebung währte nur kurz, denn bereits Ende Okto-

ber 2019 reiste Ibrahim I. illegal wieder in die Bundesrepublik Deutschland ein, um hier einen Antrag auf Gewährung von Asyl zu stellen. Wenngleich Ibrahim I. schließlich in Abschiebehaft genommen und ein zweites Mal abgeschoben werden konnte, ist es ihm gelungen, den (Rechts-)Staat vorzuführen. Daran ändert auch die Ankündigung des Landes Bremen nichts, ihm unter anderem die Kosten für die erste Abschiebung aufzuerlegen. Eine Sprecherin des Bremer Innensenators Ulrich Mäurer (SPD) bestätigte die Erstellung eines entsprechenden Kostenbescheids; dieser werde unabhängig vom Aufenthaltsort Ibrahim I.s dessen Anwalt zugestellt. Was nichts anderes bedeutet, als dass der Steuerzahler mit hoher Wahrscheinlichkeit die Kosten tragen wird. Einziger Trost: Selbst wenn man die Summe bei Ibrahim I. nicht eintreiben können sollte, müsste er im Fall einer erneuten illegalen Einreise mit einer freiheitsentziehenden Maßnahme rechnen.

Das Problemfeld Clankriminalität ist weit gesteckt, es zu beackern bedarf enormer Mittel, an denen es zumindest flächendeckend bislang fehlt. Die lobenswerten Anstrengungen, diesen gefährlichen Sumpf trockenzulegen, und die punktuellen Erfolge dürfen den Blick auf eben diese Tatsache nicht verstellen. Ich habe wiederholt öffentlich darauf hingewiesen, dass es aus meiner Sicht bei der Bekämpfung des Clanphänomens jedenfalls in Berlin »fünf nach zwölf« ist.[96] Der Staat hat hier viel zu lange zugeschaut, statt konsequent einzuschreiten; die Gegenseite hat einen enormen Vorsprung, da reicht ein kurzer staatlicher Spurt nicht aus. Dass der Berliner Innensenator Andreas Geisel in einem Interview mit der *FAZ* am 6. September 2019 sagte: »Wir reden über einen Marathon und haben jetzt die ersten 1000 Meter geschafft«, stimmt mich zuversichtlich, dass die Größe der Aufgabe im Bewusstsein der Verantwortlichen angekommen ist.

Kapitel 10

Entkriminalisierung: Warum eine Reform des Strafgesetzbuchs die Probleme nicht löst

> *»Kriminalität lässt sich nicht dadurch bekämpfen,*
> *dass die Strafbarkeit beseitigt wird.«*

Nicht nur in Berlin denken Vorgesetzte und Regierende seit Langem darüber nach, wie eine Qualitätsstufe in der Justiz (wieder-)herzustellen ist, die einem Rechtsstaat angemessen ist. Konkret: Wie sie mithilfe legislativer Maßnahmen der überbordenden Arbeitslast Herr werden können, ohne ausreichendes oder gar zusätzliches Personal einstellen zu müssen. Die Idee: eine Reform des Strafgesetzbuchs.

In Berlin wurde in diesem Zusammenhang diskutiert, die Strafbarkeit des sogenannten Schwarzfahrens (Juristen sprechen vom Erschleichen von Leistungen nach § 265 a StGB) aufzuheben und diesen Gesetzesverstoß stattdessen als Ordnungswidrigkeit zu werten. Die Berliner Generalstaatsanwältin Margarete Koppers hat diesen Vorschlag nicht nur aufgegriffen, sondern sogar noch übertroffen. In einem Interview mit der *Berliner Morgenpost* erklärte sie, »wir soll-

ten keine Ressourcen für die Verfolgung von Straftaten ver-
schwenden, deren Strafwürdigkeit höchst fraglich ist«. Der
»entsprechende Straftatbestand gehört abgeschafft – und
zwar ganz abgeschafft«.[97] Folgte man diesem Ansatz, würde
das für die Verkehrsbetriebe bedeuten, ihre Forderungen auf
dem zivilrechtlichen Weg geltend machen zu müssen. Zugegeben, die Strafgerichte würden entlastet.

Damit Sie sich einen Eindruck vom Deliktanfall in diesem
Bereich machen können, sei an dieser Stelle die PKS der
Jahre 2017 und 2018 für Berlin zitiert:

Beförderungserschleichung		
Jahr	Fälle	Aufklärungsquote
2017	20 793	99,0 Prozent
2018	15 384	98,5 Prozent

Wir reden also nicht nur über einen Rückgang um 26 Prozent innerhalb eines Jahres, sondern außerdem von nicht
einmal 43 derartigen erfassten Taten pro Tag im Jahr 2018.
Aus der genannten PKS geht zudem hervor, dass im selben
Jahr 35 310 Ladendiebstähle begangen wurden – verglichen
mit dem Schwarzfahren mehr als das Doppelte.

Dennoch ließ der Berliner Justizsenator kaum eine Gelegenheit aus, um für diese eher politische Idee der »Ent-
kriminalisierung« des Schwarzfahrens zu werben. Mit einer
entsprechenden Eingabe im Bundesrat scheiterte das Land
Berlin indes. In seiner Rede zum »Anwaltsessen 2019«
stellte der Senator der Anwaltschaft zunächst die ketzeri-
sche Frage, ob die Gäste nicht auch schon einmal ohne

»Fahrausweis mit dem Bus oder der U-Bahn gefahren«
seien, um sodann sein Bedauern über den mangelnden Erfolg seines Gesetzesvorhabens im September 2019 auszudrücken. Es habe an jenem Tag »vier zu eins für all diejenigen (gestanden), die mehr Strafrecht wollen«. Hinsichtlich
einer möglichen erneuten Vorlage im Bundesrat verkündete
er: »Vielleicht gewinnt dieses Mal die Vernunft.«[98]

Das will ich hoffen, und deshalb gehe ich vom Fortbestand der Strafvorschrift aus. Beförderungserschleichung ist
mitnichten eine essenzielle Norm im Strafgesetzbuch. Aber
die Überlegungen zu einer Herabstufung auf eine Ordnungswidrigkeit oder gar die gänzliche Aufgabe einer Sank-
tionierung ist nichts anderes als ein Kotau vor all jenen, die
ganz bewusst oder »aus Versehen« das Gemeinwesen schä-
digen. Anders formuliert: Der Ehrliche, der sein Ticket ordnungsgemäß löst, würde so lange der Dumme bleiben, bis
die Regierenden einen kostenfreien öffentlichen Personennahverkehr ermöglichen würden.

In Berlin jedenfalls hat sich auch 2019 das Problem der
Beförderungserschleichung nicht entscheidend verändert.
Auf eine Anfrage der Linken teilte der Senat im Februar
2020 mit, dass die BVG bei rund 21 Millionen Fahrschein-
kontrollen 343 251 Personen ohne gültigen Fahrausweis
angetroffen habe; in den S-Bahnen kamen noch einmal
280 000 dazu.[99] Weiterhin wurde mitgeteilt, dass sich bis
zum Stichtag (29. Januar 2020) insgesamt siebzig Personen
zur Verbüßung einer sogenannten Ersatzfreiheitsstrafe in
Haft befanden. Dabei handelt es sich um Personen, die
rechtskräftig gegen sie verhängte Geldstrafen nicht bezahlen

können oder wollen. Bei einer solchen Nichtentrichtung entspricht der verhängte Tagessatz einem Tag Freiheitsstrafe. Wobei man hierbei wissen muss, dass eine solche Geldstrafe erstens am monatlichen Nettoeinkommen ausgerichtet wird und zweitens die Staatsanwaltschaft eine Ratenzahlung gewähren kann. Jährlich wählen in Berlin etwa 300 Personen wegen Schwarzfahrens den Weg dieser Ersatzhaft. Der finanzielle Aufwand pro Häftling und Tag soll bei 150 Euro liegen, so zumindest lauten Angaben in der *Berliner Morgenpost* und dem *Tagesspiegel*.[100]

Ja, der Rechtsstaat kostet Geld. Und mithin auch die Strafvollstreckung. Einen Abgeordneten der Linken veranlasste diese Erkenntnis jedoch zu der Forderung nach einer Abschaffung der Strafbarkeit. Die Kosten der Vollstreckung stünden in keinem Verhältnis zum entstandenen materiellen Schaden, der doch eigentlich nur in Höhe des nicht entrichteten Fahrpreises läge. Doch der materielle Schaden bei rund 623 251 Schwarzfahrenden – mehr als 1707 pro Tag – wächst sich durchaus zu erklecklichen Summen für die chronisch unterfinanzierten Verkehrsbetriebe aus. Der immaterielle Schaden ist um ein Vielfaches größer. Die Zeche zahlen am Ende die anderen Fahrgäste und der Steuerzahler.

Und noch etwas sei angemerkt: Bei der hohen Zahl von sogenannten Schwarzfahrern nicht nur in Berlin, sondern auch in zahlreichen anderen Großstädten kann man nicht davon ausgehen, dass es sich dabei sämtlich um Personen handelt, die finanziell nicht in der Lage wären, sich ein Ticket für Bus, U- oder S-Bahn leisten zu können. Wollen die Befürworter einer solchen Gesetzesänderung ernstlich davon ausgehen oder uns weismachen, dass eben dieser Personenkreis, der Geldstrafen nicht entrichtet, sich dann aber zivilgerichtlichen Urteilen beugen und die zu vollstreckenden Titel freiwillig begleichen würde? Wohl kaum.

Natürlich könnten Polizei und Justiz mit derartigen legislativen Maßnahmen im Bereich der Strafverfolgung von großen Arbeitsmengen befreit werden. Und selbstredend gibt es bedeutsamere Straftaten als Schwarzfahren oder andere vermeintliche »Bagatellen«, für die den Ermittelnden und der Richterschaft dann mehr Zeit zur Verfügung stünde. Es ist aber nach dem Verständnis des Grundgesetzes nicht Aufgabe des Gesetzgebers, durch Streichung von Straftatbeständen die Rechtswirklichkeit der Arbeitswirklichkeit anzupassen. Wer auf diese Weise versucht, die Überlastung der Institutionen zu lindern, gefährdet den Rechtsstaat und trägt weiter zur Erosion von dessen Ansehen in der Bevölkerung bei.

Kapitel 11

Vollzugsproblem: Kriminalität und Gewalt in Gefängnissen

*»In der Subkultur gilt nicht die Macht
des Wortes, sondern die Macht der Faust.«
Heinz Schöch, Kriminologe*

Die Einrichtungen des Strafvollzugs sind ein unverzichtbarer Bestandteil des Rechtsstaats. Sie dienen sowohl dem Schutz der Allgemeinheit als auch der Resozialisierung von Gefangenen. Am Erreichen beider Vollzugsziele hapert es teils in erschreckendem Maße.

Die Berliner Justizvollzugsanstalten leiden seit vielen Jahren unter einem unvertretbaren Personalmangel, der in der lang währenden Ära des Spardiktats für den öffentlichen Dienst drastisch verschärft wurde. Darunter litt nicht nur die Qualität des Vollzugs – im Übrigen auch für die Gefangenen –, sondern auch dessen Sicherheit. Zudem ist bei den Beschäftigten eine deutlich wahrnehmbare Motivationseinbuße zu verzeichnen. Befragungen zur Zufriedenheit schwankten von »enttäuscht« bis »verbittert«. Das schlägt sich auch in einer höheren Krankheitsrate der Bediensteten nieder. Im März 2019 lag diese bei 16,2 Prozent. Zum Vergleich: Die allgemeine Krankheitsquote in Deutschland lag nach Erhebungen verschiedener deutscher Krankenkassen bei rund 4,3 Prozent.[101]

Damit Sie das Folgende besser einordnen können, seien einige weitere Zahlen vorangestellt, die maßgeblichen Einfluss auf die Strukturen und Arbeitsabläufe in Haftanstalten haben. Lag der Ausländeranteil in den Berliner Haftanstalten im Jahr 2011 noch bei 34 Prozent, erreichte er 50,7 Prozent mit Stand März 2019. Mit anderen Worten: Mehr als jede zweite inhaftierte Person war nichtdeutscher Herkunft. Die Inhaftierten stammten aus 97 verschiedenen Staaten, wobei die hauptsächlichen Herkunftsstaaten der Libanon, Rumänien, Polen, Serbien und die Türkei waren.[102] Es liegt auf der Hand, dass allein diese Tatsache eine besondere Ausgestaltung der Haftbedingungen nach sich ziehen müsste. Sprachliche Probleme treten auf, Ethnien, die sich aus verschiedenen Gründen gegenseitig ablehnen, tragen ihre Konflikte in den Strafvollzug hinein; dazu kommen Beschuldigte, die zum Beispiel aus dem Bereich der Organisierten und politisch motivierten Kriminalität oder wegen Bezügen zum Terrorismus einsitzen und dem deutschen Staat und seinen Vertretern ablehnend gegenüberstehen. All das bringt besondere Abläufe innerhalb der JVA mit sich, die zu einem erhöhten Arbeitsanfall führen. Und dieser – Sie ahnen es bereits – kann mit dem derzeitigen Personalbestand kaum bewältigt werden.

Gewalt und Straftaten in Haftanstalten

Die problematischen Verhältnisse in den Berliner Justizvollzugsanstalten zeigen sich auch darin, dass dort zunehmend mehr Straftaten begangen werden – im Kleinen wie im Großen. Werfen wir zunächst einen Blick auf das Problem der unerlaubten Kontaktaufnahme. Gefangenen und U-Häftlingen sind der Besitz und die Verwendung von Mobilfunktelefonen eigentlich untersagt; Ausnahmen gelten nur für Häftlinge im offenen Vollzug. Tatsächlich machen Insassen von Gefängnissen aber reichlich Gebrauch von Handys, die auf welchen Wegen auch immer in ihre Zellen gelangen. Diese Telefone dienen nicht etwa nur der Aufrechterhaltung von persönlichen Beziehungen. Aus Überwachungsmaßnahmen weiß man, dass damit Straftaten geplant, Drogendeals verabredet werden und dergleichen mehr. Regelmäßig werden in deutschen Gefängnissen Handys und SIM-Karten in großer Zahl bei Häftlingen entdeckt und beschlagnahmt. Allein in den ersten neun Monaten des Jahres 2019 waren es in Berliner Haftanstalten 766 Handys, im gesamten Jahr zuvor waren es 1027.[103] Und zu dieser schon erschreckend hohen Zahl gesellen sich all jene Mobilfunktelefone, die nicht sichergestellt werden konnten.

Gegen diese rechtswidrige Nutzung von Mobilfunktelefonen stehen als wirksames Mittel nicht nur regelmäßige Haftraumkontrollen zur Verfügung; weitaus effektiver ist es, auf Handy-Blocker zurückzugreifen, sogenannte Cellular Disabler. Bei diesen technischen Hilfsmitteln handelt es sich um Geräte, mit denen man in einem bestimmten Umkreis die Kommunikation von Mobilfunkgeräten unterbinden kann. Darüber hinaus gibt es auch spezielle Detektoren, mit denen man eingeschaltete Handys aufspüren kann.

Seit 2012 werden solche Störsender in der Jugendstrafanstalt in Berlin-Plötzensee erfolgreich angewandt. Dass sie auch in anderen Berliner Haftanstalten und insbesondere in der JVA Moabit (hier sind erwachsene männliche U-Häftlinge untergebracht) unverzichtbar wären, steht für die Behörden der Strafverfolgung außer Frage. Und auch die Berliner Regierung schien von deren Notwendigkeit überzeugt. Im Koalitionsvertrag der rot-rot-grünen Regierung hieß es hierzu im Kapitel »Justizvollzug und Resozialisierung«, dass »die Installation der Mobilfunk-Blocker in der Justizvollzugsanstalt Moabit im bisher geplanten Kostenrahmen realisiert« werde.[104] Im Entwurf für den Berliner Doppelhaushalt 2020/21 waren insgesamt 2,325 Millionen Euro für den Einbau und Unterhalt der Anlage bis 2022 enthalten. Einer Auflistung zufolge sind 2018 bereits 371 000 Euro für die Vorbereitung der Maßnahme ausgegeben worden.[105] Doch bis November 2020 waren die Blocker in der JVA Moabit nicht installiert.

Eine Ursache mag in der erkennbar kritischen Einschätzung dieses Hilfsmittels durch die Senatsverwaltung für Justiz, Verbraucherschutz und Antidiskriminierung liegen. Auf die parlamentarische Anfrage eines FDP-Abgeordneten erklärte die Senatsverwaltung, wegen der »zwiespältigen Erfahrungen« sei eine Einrichtung in anderen Strafanstalten nicht geplant.[106] Am Ende werden wir wahrscheinlich feststellen müssen, dass bis zu einer verbindlichen Entscheidung der Berliner Regierung in Deutschland weiträumig das 5-G-Netz genutzt wird und die Handy-Blocker bei der sodann möglichen Kommunikation über das Internet ohnehin ins Leere laufen. Ob und gegebenenfalls mit welchen Maßnahmen die Regierung dem rechtswidrigen Einsatz von Mobilfunktelefonen zukünftig wirksam zu begegnen gedenkt, bleibt bislang ihr Geheimnis.

Gleichwohl entspricht es ihrem gesetzlichen Auftrag, das Recht auch im Vollzug durchzusetzen. Das gilt nicht nur für die rechtswidrige Nutzung von Handys, sondern erst recht im Bereich anderer von Gefangenen begangener Straftaten. Was deren Zahlen angeht, kommt es immer wieder zu Abweichungen zwischen den offiziellen statistischen Erhebungen der Justizverwaltung und denen von Staatsanwaltschaft und Polizei.

Während im Berliner Vollzug nur tätliche Angriffe zum Nachteil der Justizvollzugsbediensteten und Mitgefangenen sowie Geiselnahmen und Freiheitsberaubungen statistisch erfasst werden, verfügen Polizei und Staatsanwaltschaft über einen größeren Datenbestand, weil dort eingehende Strafanzeigen wegen der unterschiedlichsten Delikte bearbeitet werden. Zumindest bei der Staatsanwaltschaft müssen auch Merkmale im System MESTA eingetragen werden, aus denen sich Vorwürfe im Vollzug begangener Taten ersehen lassen. Solche Merkmale sind ergänzende Angaben im System, die aufzeigen, dass Straftaten in Haftanstalten begangen wurden. Darüber hinaus ist die Staatsanwaltschaft verpflichtet, den JVA-Leitungen, psychiatrischen

Krankenhäusern und Entziehungsanstalten mitzuteilen, dass und mit welchem Vorwurf gegen Untersuchungs- und Strafgefangene, Sicherungsverwahrte sowie in einem psychiatrischen Krankenhaus oder in einer Entziehungsanstalt Untergebrachte neue Ermittlungsverfahren eingeleitet wurden und gegen sie eine Anklage erhoben wird. Zudem ist der Ausgang des jeweiligen Verfahrens mitzuteilen.

Diese Vorgehensweise führt dazu, dass auch Taten erfasst werden, die nicht tätlicher Natur sind. Doch allein schon diese Zahlen (am 2. September 2019 veröffentlicht in der *Berliner Zeitung*) werfen einen dunklen Schatten auf die Berliner Vollzugswirklichkeit:

Tätliche Angriffe von Gefangenen in Berliner Haftanstalten zum Nachteil		
Jahr	Bedienstete	Gefangene
2013	12	175
2015	24	227
2017	36	366
2018	50	401

Das Dunkelfeld muss in diesem Bereich als groß bezeichnet werden. Denn es entspricht dem Verhaltenskodex der Inhaftierten, grundsätzlich nicht mit staatlichen Stellen zu kooperieren. Das beginnt bei der Anzeige einer Straftat – es ist unfassbar, wie viele Gefangene in ihren Haft- oder Duschräumen ohne Einwirkung Dritter so unglücklich gestürzt sein wollen, dass sie sich teils erhebliche Verletzungen zuziehen – und endet mit der fehlenden Bereitschaft, bei Befragungen und Zeugenvernehmungen sachdienliche Angaben zu machen. Und selbst von denen, die zunächst Aussagen getätigt haben, die einen Mitgefangenen belasten, beruft sich ein großer Teil spätestens in der Hauptverhandlung vor einem Strafgericht auf Erinnerungslücken oder behauptet, die protokollierten Angaben nie geäußert zu haben.

Die Gründe für ein derartiges Verhalten mögen ganz unterschiedlich sein, doch die Sorge um das eigene Wohl dürfte die naheliegendste Erklärung sein. Denn trotz aller – wenigstens theoretisch denkbaren – Schutzmaßnahmen sind der Vollzugswirklichkeit enge Grenzen des tatsächlich Machbaren gesetzt. In den Berliner Haftanstalten reichen die personellen Kräfte dafür schlicht nicht aus. Den Worten des Justizsenators Dr. Dirk Behrendt: »Jeder Angriff ist einer zu viel«,[107] ist nichts hinzuzufügen.

Betrachtet man die Zahlen der Polizei, ergibt sich ein noch düstereres Bild: Für das Jahr 2018 verzeichnete die Berliner Polizei für Anstalten, die in ihre Zuständigkeit fallen, insgesamt 988 Straftaten, davon allein 365 begangen in der JVA Tegel. Erfasst wurden unter anderem 383 Drogendelikte, 64 Diebstähle, 28 Nötigungen, Freiheitsberaubungen oder Bedrohungen, 113 sonstige Straftaten und 136 Körperverletzungsdelikte.[108] Für den Zeitraum vom 1. Januar bis einschließlich 11. September 2019 betrug die Anzahl der verzeichneten Taten insgesamt 705, davon 239 in der JVA Tegel.

Was Drogen angeht, hat der Berliner Justizsenator sicher recht, wenn er sagt: »Weltweit gibt es keine drogenfreien

Gefängnisse.« Gleichwohl kann es nicht sein, dass etwa in der Haftanstalt Tonna in Thüringen eingeschmuggelte Drogen im Wert von mehr als einer Million Euro umgesetzt wurden. Ein Viertel der Gefangenen deutschlandweit gilt als drogen- oder medikamentenabhängig.[109] Die Geschäfte der Dealer laufen hinter den Gefängnismauern sogar besser als draußen. Das Risiko des Schmuggelns lassen sie sich teuer bezahlen. Die mafiaartigen Strukturen derjenigen, die außerhalb des Gefängnisses die Fäden in der Hand haben, reichen tief in die Haftanstalten hinein. Justiz und Polizei haben kaum ein effektives Mittel dagegen in der Hand – und der Resozialisierungsgedanke, der erzieherische Auftrag, rückt immer weiter in den Hintergrund.

Hinter Körperverletzungsdelikten verbergen sich oftmals schwere und schwerste Gewalttaten, für die die Kategorie »Körperverletzung« eher verharmlosend anmutet. So räumte ein Strafgefangener aus der JVA Tegel in einem Strafverfahren ein, einem 65 Jahre alten Mithäftling im November 2017 mehrere Faustschläge ins Gesicht versetzt zu haben. Diese führten nicht nur zu erheblichen Gesichtsverletzungen, sondern auch zu einem Aufprall des Opfers gegen die Heizung und zu einem vorübergehenden Sehverlust auf einem Auge. Zu seinem Motiv gab der Angeklagte an, er habe diesen Mitgefangenen bestrafen wollen, »weil der Mann ein Mädchen missbraucht hatte«.[110]

In der JVA Heidering, die wegen ihrer geografischen Lage in Brandenburg in der Berliner Statistik nicht auftaucht, wohl aber zu den Berliner Haftanstalten gehört, haben sich wiederholt Auseinandersetzungen zugetragen, die in den

Medien als »Massenschlägerei« betitelt wurden. So war es im Februar 2019 beim Hofgang zu einem schweren körperlichen Angriff auf einen tschetschenischen Mithäftling gekommen, begangen von Insassen aus Russland, Kasachstan und Lettland. Vollzugsbedienstete lösten Alarm aus, alle verfügbaren Kräfte mussten mobilisiert werden, um die Schlägerei zu beenden.[111] Den Angreifenden gelang es zunächst, die ersten beiden Beamten zur Seite zu drängen und auf das bereits am Boden liegende Opfer weiter einzuschlagen und einzutreten, sodass dieses zwischenzeitlich das Bewusstsein verlor. Die Angreifer riefen wiederholt lautstark die Worte »Allahu Akbar« (»Gott ist am größten«), bevor es den Bediensteten endlich gelang, die Angriffe zu unterbinden und den erheblich Verletzten in ein Krankenhaus bringen zu lassen, wo er notoperiert werden musste. Diesen »schwerwiegenden Zwischenfall« ließ der Berliner Justizsenator über seinen Sprecher als »nicht alltäglich« bezeichnen.[112]

Dass dieser Fall – glücklicherweise – nicht »alltäglich« ist, vermag dennoch nicht zu beruhigen. Denn in der JVA Heidering kommt es immer wieder zu körperlichen Auseinandersetzungen und anderen schweren Straftaten. Beispielhaft sei ein Vorfall aus dem Oktober 2019 erwähnt, eine Schlägerei, an der Angehörige arabischer Großfamilien beteiligt waren. Auch hier wurde Alarm ausgelöst, sämtliche Justizbedienstete wurden zu Hilfe gerufen. Wie der Sprecher des Justizsenators mitteilte, sei »im Zuge der massiven Widerstandshandlungen eines Gefangenen (...) eine Bedienstete im Gesicht verletzt« worden. Sie war durch einen Faustschlag zu Boden gestreckt worden und musste im Krankenhaus behandelt werden.[113]

Auch die Kategorie der »sonstigen Straftaten« bildet nicht immer die Schwere der ihnen zugrunde liegenden Sachverhalte ab. So hat ein rechtskräftig wegen mehrfachen Mordes Verurteilter in der JVA Tegel am 6. Juli 2015 die Anstaltspfarrerin während eines Gesprächs in deren Büro körperlich angegriffen und dabei leicht verletzt, bevor die Geistliche den Alarm auslösen konnte.[114] Während die Anstaltsleitung nur von einem »Übergriff« sprach, leitete die Staatsanwaltschaft ein Ermittlungsverfahren wegen versuchter Vergewaltigung ein.

Was die Erfassung von »Tötungsdelikten« im Vollzug angeht, teilte ein Sprecher der Justizverwaltung mit, dass es zu derartigen Verbrechen nicht gekommen sei. Bei den von der Polizei ausgewiesenen Delikten handele es sich möglicherweise um Ermittlungsverfahren im Zusammenhang mit Selbsttötungen oder Sterbefällen mit natürlichen Todesursachen.[115] Dabei mag dem Sprecher entgangen sein, dass bei der Polizei unter der Rubrik »Tötungsdelikte« auch versuchte Tötungen und sonstige Beteiligungen (z. B. vollendete und versuchte Anstiftung sowie Beihilfe) erfasst werden. Bei sorgfältiger Recherche hätte die Senatsverwaltung feststellen können, dass tatsächlich wegen versuchter Tötungsdelikte sowie Anstiftungen hierzu ermittelt und vereinzelt auch Anklage erhoben worden ist.

Ein Blick in die Presseberichterstattung der zurückliegenden Jahre hätte gereicht. So räumte 2015 ein Verurteilter in der Hauptverhandlung des gegen ihn geführten Strafverfahrens vor dem Landgericht Berlin den Versuch ein, in der JVA Tegel einen Mitgefangenen zu töten – er vermutete, der andere würde hinter seinem Rücken schlecht über ihn reden. Er legte dem Opfer in seinem Haftraum zunächst eine Schlinge um den Hals und zog so lange daran, bis diese riss. Dann schlug er mit einer Essigflasche auf den Kopf des Mitgefangenen ein, bis er »die Lust verlor« und den Tötungsversuch aufgab. Die Strafkammer verhängte wegen dieser weiteren gefährlichen Körperverletzung eine zweijährige Freiheitsstrafe gegen den einschlägig Verurteilten.[116]

Noch aufschlussreicher wäre ein Fall aus dem August 2015 gewesen, über den umfassend in den Medien berichtet wurde. Ich meine den Angriff eines als aggressiv bekannten 41-Jährigen, der eine Freiheitsstrafe wegen gefährlicher Körperverletzung in der JVA Charlottenburg verbüßte. Während des Hofgangs riss er die Beamtin unvermittelt zu Boden und stach sie mit einem Küchenmesser mehrfach heftig in den Gesichts- sowie Rückenbereich.[117] Da weitere Bedienstete weder zur Stelle waren noch den Angriff bemerkten, war es anderen Strafgefangenen zu verdanken, die beherzt eingriffen und Schlimmeres verhindern konnten. Die Schwerverletzte wurde schließlich in ein Krankenhaus gebracht und dort mehrmals operiert, wobei fraglich war, ob ihre Dienstfähigkeit erhalten bzw. wiederhergestellt werden konnte.

Während der damalige Justizsenator Thomas Heilmann (CDU) sich »besorgt über das Ausmaß der Tat« zeigte, fand der Vorsitzende der »Gewerkschaft Strafvollzug Landesverband Berlin e. V.« Thomas Goiny gegenüber der *BILD* treffendere Worte: »Dass Häftlinge einer Beamtin zu Hilfe kommen müssen, kommt einer Kapitulation vor dem System in den Haftanstalten gleich, das sich durch jahrelange Personaleinsparungen etabliert hat.«[118] Dem Artikel konnte auch entnommen werden, dass die Mordkommission Ermittlungen aufgenommen hatte – wegen eines versuchten Tötungsdelikts.

Es ist zwar richtig, dass belastbare Aussagen zu derartigen Verfahren erst getroffen werden können, wenn diese rechtskräftig abgeschlossen worden sind. Sie deshalb aber erst gar nicht aufzunehmen, erscheint dennoch befremdlich. Zumal die im Vollzug erfassten Straf- und insbesondere Gewalttaten auch aus anderen Gründen von größter Bedeutung sind. Denn im Vollzug sollen die Häftlinge auf den Weg des straffreien Lebens zurückgeführt werden. Wenn diese Zeit von Gewalt und Kriminalität geprägt ist, droht dieses Ziel Schaden zu nehmen. Im Interesse eines funktionsfähigen Rechtsstaats dürfen wir auch Gefangene nicht verlieren. Sie haben ein Anrecht darauf, vor Übergriffen geschützt zu werden. So, wie die Öffentlichkeit ein Anrecht darauf hat, vor Gefährdungen durch Häftlinge geschützt zu werden. Doch auch hier ist die Vollzugswirklichkeit eine andere.

Gefahr für die Öffentlichkeit

Trotz aller Sicherheitsvorkehrungen und Kontrollen gelingt Häftlingen immer wieder die Flucht aus der Gefangenschaft, auch wenn die Zeit in Freiheit meist nicht lange währt. Darunter sind spektakuläre Ausbrüche, aber auch »Entweichungen« bei begleiteten und unbegleiteten Ausgängen im Rahmen von Vollzugslockerungen. Dass solche Lockerungen auf dem Weg zur später anstehenden Entlassung unverzichtbar sind, liegt auf der Hand. Dieses sinnvolle Instrumentarium ist erforderlich, um die Gefangenen auf die Freiheit vorzubereiten und so gut wie möglich dafür zu sorgen, dass ihnen der Schritt in ein sozialverträgliches Leben außerhalb des Vollzugs gelingt. Gleichwohl kann die Bevölkerung erwarten, dass dieses Instrumentarium erst nach reiflicher Überprüfung eingesetzt wird und die Verantwortlichen alles dafür tun, eine Gefährdung für die Öffentlichkeit zu vermeiden. Gleiches gilt für die Haftanstalten: Es darf nicht sein, dass strukturelle und personelle Schwachstellen die Flucht von Häftlingen begünstigen, darunter zum großen Teil Personen, die wegen schwerer und schwerster Straftaten – darunter Gewalt- und Sexualverbrechen – einsitzen.

Allein in Berlin gab es in den zurückliegenden Jahren eine Reihe aufsehenerregender Fluchten aus Haftanstalten. So gelang es im Mai 2014 zwei mehrfach bestraften Untersuchungsgefangenen in der JVA Moabit, Gitterstäbe ihrer Zellenfenster zu durchsägen, Stacheldrahtrollen und Hausdächer zu überwinden, um schließlich in die Freiheit zu gelangen. Die Flucht war von den Überwachungsmonitoren festgehalten, von den Justizvollzugsbediensteten aber nicht bemerkt worden. Eine eigentlich vermeidbare Fehlleistung, geschuldet allein der dünnen Personaldecke. Einer der beiden geflüchteten Männer war dringend verdächtig, im März 2013 einen Menschen getötet zu haben.[119] Zwar konnten die beiden Flüchtigen später wieder ergriffen werden, doch die Sache hätte auch anders ausgehen können.

Am 28. Dezember 2017 gelang gleich vier Gefangenen eine spektakuläre Flucht aus der Berliner JVA Plötzensee. Sie bahnten sich mit einem schweren Hammer und einem Trennschleifer den Weg in die Freiheit.[120] Nicht nur die Öffentlichkeit fragte sich, wie die Entwendung der Werkzeuge aus der Anstaltswerkstatt unbemerkt bleiben konnte und weshalb auch dort die Überwachung der Außenbereiche durch Kameras nicht zur Entdeckung der Flüchtenden führte.

Die gänzlich unzureichende Personalstärke ist in Berlin auch für weitere Entwicklungen verantwortlich, die zu nicht hinnehmbaren Verhältnissen in den Haftanstalten und einem unverantwortlichen Umgang mit den Gefangenen führen. Stellvertretend sei hier die folgende Begebenheit erwähnt: 2018 kehrte ein 47-Jähriger nach einem Ausgang nicht in die JVA Tegel zurück. Der Mann war am 27. März 2003 vom Landgericht Berlin wegen zweifachen Mordes zu einer lebenslangen Freiheitsstrafe verurteilt worden, zudem hatte die zuständige Schwurgerichtskammer Sicherungsverwahrung angeordnet. Bei der Aufbereitung seines Fernbleibens wurde bekannt, dass diesem Mann im Jahr 2017 insgesamt 215 Mal (!) unbegleiteter Ausgang – d. h. ohne Begleitung Bediensteter – gewährt worden war; er besuchte seine Mutter, erledigte Einkäufe und Hausarbeiten für sie, unterzog sich medizinischen Behandlungen usw. Dass dieser Mann bereits in der ehemaligen DDR wegen eines 1986 im Vollrausch begangenen Tötungsdelikts zu einer Freiheitsstrafe von viereinhalb Jahren verurteilt und nach rund zweijähriger Unterbringung in einer Entziehungsanstalt vorzeitig entlassen worden war, sei hier ebenfalls erwähnt.[121]

Es gibt im Berliner Strafvollzugsgesetz mit § 3 Absatz 7 eine Vorschrift, wie die Unterbringung in der Sicherungsverwahrung schrittweise gelockert werden kann. Darin heißt es: »Gefangene mit angeordneter oder vorbehaltener Sicherungsverwahrung sind individuell und intensiv zu betreuen (…). Soweit standardisierte Maßnahmen nicht ausreichen oder keinen Erfolg versprechen, sind individuelle Maßnahmen zu entwickeln.«

Angesichts des strafrechtlichen Vorlebens dieses Gefangenen hätte man diese hohe Anzahl der Ausgänge innerhalb eines einzigen Jahres aber nicht einmal auf der Grundlage dieser Vorschrift zulassen dürfen. Denn mit »individueller Betreuung« ist schwerlich eine derart exorbitante Freizügigkeit gemeint, die nicht einmal Gefangenen ohne Sicherungsverwahrung zusteht! Hinzu kommt, dass diese Freigänge unbegleitet stattfanden – zu einer Zeit, da dies noch nicht von einem Sachverständigen empfohlen und von der strafvollstreckenden Staatsanwaltschaft zur Kenntnis genommen worden war.

Immerhin, der Mann war jedes Mal zurückgekommen. Anders Anfang März 2019, als ein Sicherungsverwahrter von einem unbegleiteten Freigang nicht in seine Haftanstalt in Berlin zurückkehrte. Der wegen Vergewaltigung, Körperverletzung und Raub zu zehn Jahren Haft und anschließender Sicherungsverwahrung Verurteilte konnte erst zwei Tage später von der Polizei in Magdeburg ergriffen werden.[122]

Derartige Vorfälle im Vollzug können der Bevölkerung kaum vermittelt werden. Sie können und dürfen im Übrigen auch nicht mit der schlechten Personalausstattung allein entschuldigt werden. Denn bei allem Verständnis für die hohe Arbeitsbelastung: So etwas darf nicht vorkommen.

Die Bevölkerung sollte darauf vertrauen dürfen, dass die von unabhängigen deutschen Strafgerichten verhängten Strafen und Sanktionen im erforderlichen Maße zielführend vollstreckt werden. Denn neben dem Ziel, die Verurteilten zu einem künftig straffreien Leben zu führen, gilt es gleichermaßen, die Allgemeinheit vor weiteren Straftaten zu schützen. Dieser Verpflichtung wird die Strafvollstreckung in Deutschland leider schon seit geraumer Zeit nicht mehr durchgängig gerecht.

Kapitel 12

Abwägungsproblem: Wenn Ethik und Moral über dem Gesetz stehen

*Ethik und Moral mögen
zukünftige Gesetze beeinflussen,
stehen aber nicht über dem Recht.*

Seit vielen Jahren haben wir es in der Bundesrepublik – und durchaus zunehmend – mit einer fehlenden Konsequenz bei der Umsetzung sowohl von Gesetzen als auch von rechtskräftigen Entscheidungen deutscher Gerichte zu tun. Immer wieder trägt es sich zu, dass diese Umsetzung mit dem Verweis auf vermeintlich höherwertige Güter wie Moral, Religion, Menschlichkeit und die all diesen Werten übergeordnete »Gerechtigkeit« und begleitet von großem Medienwirbel be- oder verhindert wird.

Dass sich juristische und gerichtliche Entscheidungen öffentlicher Kritik ausgesetzt sehen, ist auch Ausdruck einer lebendigen Demokratie. Im Interesse eines funktionierenden Rechtsstaats kann es jedoch nicht hingenommen werden, wenn vollziehbare Entscheidungen trotz ihrer Bestands- oder Rechtskraft nicht umgesetzt werden. Gern will ich das mit Beispielen aus der deutschen Wirklichkeit belegen.

Da haben wir zum einen das sogenannte Kirchenasyl, auf das seit Mitte der 1980er-Jahre in Hunderten Fällen zurückgegriffen wird. Geistliche und ihre Gemeinden versuchen damit, wegen rechts- und bestandskräftiger Entscheidungen von der Ausweisung und gegebenenfalls Abschiebung betroffene nichtdeutsche Personen durch eine Aufnahme in kirchliche Räumlichkeiten vor staatlichen Vollstreckungsmaßnahmen zu bewahren. Die Bedeutung des Kirchenasyls ist zwar aufgrund der inzwischen in den Ländern eingerichteten Härtefallkommissionen (sie können Ausreisepflichtigen zu einem Bleiberecht verhelfen) rückläufig, sie steht aber noch immer unzähligen Ausweisungen bzw. Abschiebungen entgegen. Auf eine Kleine Anfrage einer Oppositionspartei gab das Bundesinnenministerium bekannt, dass im ersten Quartal des Jahres 2018 in 498 Fällen Abschiebungen auf diese Weise verzögert oder verhindert worden sind. Im Jahr 2017 waren es insgesamt 1478 Fälle.[123]

Das Kirchenasyl ist ein Instrument, das außerhalb der deutschen Rechtsordnung steht. Zudem gelten für Kirchengrundstücke und -räume keine rechtlichen Besonderheiten, weshalb staatliche Organe uneingeschränkten Zugriff auf die Personen haben, die sich dort aufhalten. Und um es juristisch pointierter auszudrücken, sei eine Entscheidung des Bayerischen Oberlandesgerichts aus dem Mai 2018 zitiert. Wie der Vorsitzende des Senats erklärte, ergebe sich durch das Kirchenasyl kein Rechtsanspruch auf eine Duldung. Es verbiete dem Staat auch nicht zu handeln – und damit auch nicht, aus Kirchenräumen abzuschieben.[124]

So ist zumindest die klare Rechtslage. Gleichwohl ist mir kein einziger Fall aus den letzten Jahrzehnten bekannt, in dem ein staatlicher Zugriff in Kirchenräumen erfolgt wäre. Die Gründe dafür dürften einerseits im enormen Medienecho und andererseits in den zu erwartenden Protesten seitens der Unterstützer liegen, die eine solche Maßnahme begleiten dürften. Eine Nachgiebigkeit, die zur Beschädigung des Rechtsstaats beiträgt.

Entsprechendes gilt für verschiedene andere Rechtsgebiete. Im Zusammenhang mit vollstreckbaren Räumungstiteln beispielsweise mussten Eigentümer, Gerichtsvollzieher und Polizeibeamte in Berlin wiederholt erleben, dass angeordnete Räumungen von Gebäuden durch den vehementen Protest und die teils gewaltsame Unterstützung durch sogenannte Autonome verzögert und sogar verhindert wurden.

Ein weiteres Beispiel ist der Umgang mit der Bewegung »Fridays for Future«, die in den Monaten vor der Corona-Pandemie für Aufsehen sorgte. Von der Öffentlichkeit, den Medien und der Politik gleichermaßen beachtet, gingen weltweit Tausende junge Menschen auf die Straße, um für ein radikales Umdenken in der Umweltpolitik zu demonstrieren. Diese Aufzüge fanden regelmäßig an Freitagen während der Unterrichtszeit statt (in Ferienzeiten deutlich seltener). Die teilnehmende Schülerschaft kam damit ihrer Schulpflicht nicht nach.

Das beachtliche gesellschaftliche und politische Ansinnen

dieser jungen Menschen soll an dieser Stelle außen vor bleiben. Mir kommt es entscheidend auf die Reaktionen der politisch und für die Schulaufsicht Verantwortlichen an. Der Verstoß gegen die Schulpflicht stellt eine Ordnungswidrigkeit dar, die zu verfolgen ist. Zwar wurde mancherorts Kritik an dieser Form des »Schwänzens« laut, auch die Frage, ob diese Kundgebungen nicht auch außerhalb der Unterrichtszeit stattfinden könnten, wurde diskutiert. Doch diese Stimmen traten wegen der als überragend wichtig erachteten Forderungen der Demonstrierenden eher in den Hintergrund. Eine Fachanwältin für Strafrecht und mit Sitz im Vorstand der Berliner Anwaltskammer behauptete gar, die Teilnahme an den Demonstrationen stelle kein »Schulschwänzen« dar, weil »der Kampf für das Klima ... eine höhere Sache, also ein Menschenrecht und damit wichtiger als ein Gesetz mit Ordnungsmaßnahmen zur Durchsetzung der Schulpflicht« sei. Aus diesem Grund dürfe der Staat hier nicht bestrafen und disziplinieren.[125] Um die Reputation der promovierten Rechtsanwältin hervorzuheben, verweist der Artikel auf ihre Expertise in Menschenrechtsfragen.[126]

Beispiele wie dieses belegen, dass das Recht bei tatsächlich oder vermeintlich moralisch höherwertigen und überlegenen Vorstellungen zurückzutreten hat. Und die hier aufgeführten Beispiele zeigen, dass davon auch in der Realität Gebrauch gemacht wird. Um noch einmal hervorzuheben: Moralische Bewertungen justiziellen Handelns sollen und dürfen geäußert werden; aber sie sollten die Vollstreckung rechtskräftiger Entscheidungen nicht be- oder gar verhindern dürfen.

Schlussbetrachtung:
Die Zeit für Lippenbekennt-
nisse ist vorbei

»Der Worte sind genug gewechselt,
lasst mich auch endlich Taten sehen.«
Aus Goethes »Faust«

Die vorangegangene Analyse der deutschen Justiz aus unterschiedlichen Perspektiven hat gezeigt, wie schlecht es um den Rechtsstaat bestellt ist. Tief graben sich deshalb die Sorgenfalten nicht nur in die Gesichter der Öffentlichkeit, sondern auch in die Gesichter der meisten Justizbediensteten. Die politische Wahrnehmung der verschiedenen Problemfelder gestaltet sich hingegen ambivalent. Während Regierende zumeist die Losung der intakten Justiz ausgeben, erkennen zumindest Oppositionskräfte den wahren Zustand und fordern dringendes Handeln.

Einige löbliche Ausnahmen gibt es insofern, als immerhin einige Landesregierungen Handlungsbedarf erkannt haben. Selbst in Berlin hat die rot-rot-grüne Koalition im Doppelhaushalt 2020/21 das Justizressort (das daneben allerdings auch den Verbraucherschutz und die Antidiskriminierung umfasst) aufgewertet und den Etat in beiden Jahren erstmals die Milliardengrenze überschreiten lassen.[127] Das klingt erfreulich, bedarf aber einer weiteren kritischen Einordnung.

Zum einen bleibt der Anteil des Gesamthaushalts, der auf die Justiz entfallen soll, deutlich hinter dem Anteil anderer Bereiche zurück. Zum anderen wies der Finanzsenator darauf hin, dass das erwartete geringere Steueraufkommen sogenannte »Pauschale Minderausgaben« nach sich ziehen könne. Dahinter verbirgt sich nichts anderes als Einsparungen von 1 Prozent des jeweiligen Haushalts. Für die Berliner Strafverfolgungsbehörden würde dies bedeuten, im Jahr 2020 etwa 225 000 Euro und im Folgejahr rund 206 000 Euro einsparen zu müssen. Von einer Aufstockung des Budgets kann also nicht ernstlich die Rede sein. Im Blick haben die Sparfüchse bei der Staatsanwaltschaft folgende Posten: Einsparungen bei anzuschaffender Literatur, Streichung kleinerer Bau- und Renovierungsmaßnahmen, Einsparungen bei der Erneuerung des Mobiliars und Kürzungen im Bereich Geschäftsbedarf.

Bei der anzuschaffenden Literatur denken Sie bitte nicht fälschlich an den Erwerb von Unterhaltungsliteratur für die Mittagspause (anbieten würden sich hier vielleicht *Der Fremde* von Albert Camus, *Schuld und Sühne* von Fjodor Dostojewski oder *Der Prozess* von Franz Kafka), sondern um unverzichtbare Fachliteratur. Kommentare und Erläuterungen zum Strafgesetzbuch und zur Strafprozessordnung sind trotz digitaler Rechercheportale nämlich nach wie vor unentbehrlich. In Berlin gehört es seit Langem zum Alltag, dass der Staatsanwaltschaft nur jede zweite Auflage eines Kommentars zur Verfügung gestellt wurde. Mit der Folge, dass oftmals nicht einmal der Gesetzestext der aktuellen Rechtslage entspricht! Gerade in so einem dynamischen Feld wie der Legislative ist man zwingend auf aktuellen Input angewiesen. Wenn aber Staatsanwaltschaften mit ihren veralteten Büchern in Auseinandersetzungen mit der Verteidigung eintreten sollen, kann von »Waffengleichheit« nicht die Rede sein.

Mit Einsparungen im Bereich Radiergummi und »kleineren Bau- und Renovierungsarbeiten« will ich Sie nicht weiter langweilen, versorge Sie aber gern mit den folgenden Zahlen. Auf die schriftliche Anfrage eines CDU-Abgeordneten musste die Senatsverwaltung für Justiz, Verbraucherschutz und Antidiskriminierung einen »Sanierungsstau« einräumen. Danach sind für die Instandsetzung und -haltung

- 391,9 Millionen Euro bei der Berliner Justizvollzugsanstalten und
- 175,2 Millionen Euro bei den Gerichtsgebäuden

erforderlich.[128]

Aufschlussreich ist in diesem Zusammenhang der vergleichende Rückblick auf das Jahr 2017, in dem

- 278,4 Millionen Euro für die Berliner Haftanstalten und
- 58,3 Millionen Euro für die Gerichtsgebäude

benötigt worden wären.

Mit diesen Entwicklungen und Summen konfrontiert ließ der Sprecher des Berliner Finanzsenators die Öffentlichkeit wissen, dass die Mittel im Doppelhaushalt für

- die Justizvollzugsanstalten um 8 auf 19 Millionen Euro pro Jahr und
- die Gerichtsgebäude um 6,4 auf nun 9,4 Millionen Euro pro Jahr

erhöht werden konnten. Positiv, durchaus, aber man muss kein Mathematikgenie sein, um zu erkennen, dass das ein Tropfen auf den heißen Stein ist. Über Jahre und Jahrzehnte wurde in Berlin nicht nur gespart, bis es quietscht, sondern weit darüber hinaus. Dieser Rückstau hat Folgen, die sich so leicht nicht auffangen lassen. Und er hat Folgen, die unmittelbar nicht nur die Sicherheit der Justizbediensteten bedrohen, sondern auch die der Bevölkerung. Das zeigen die bereits geschilderten Übergriffe und gelungenen Ausbruchsversuche.

Und wie sieht es bei der Personaldecke aus? In der Vorlage vom 12. Juli 2019 zur Beschlussfassung über das Haushaltsgesetz 2020/21 im Abgeordnetenhaus von Berlin wurde eine Verstärkung der Polizei um insgesamt 841 Bedienstete angekündigt. Außerdem die Schaffung von 160,5 Stellen für die Gerichtsbarkeiten und Strafverfolgungsbehörden, »von denen achtzig zusätzliche Stellen der Optimierung der Altersstruktur der Richterinnen und Richter sowie der Staatsanwältinnen und Staatsanwälte dienen« sollen.[129] Da ist es

wieder, das Phänomen, dass politische Rhetorik alles wohlklingend zu umschreiben vermag. Und Havarie klingt besser
als Untergang.

»Pakt für den Rechtsstaat«

Auch die Bundesregierung hat sich inzwischen des Themas
»Rechtsstaat« angenommen. Gleich nach der Bundestags-
wahl vom 24. September 2017 haben die Parteien der Großen Koalition in ihrem Koalitionsvertrag einen »Pakt für
den Rechtsstaat« vereinbart. Er sollte nicht nur zum Erhalt
der Handlungsfähigkeit beitragen, sondern auch durch verschiedene Maßnahmen das Vertrauen in den Rechtsstaat
fördern.

Den Koalitionspartnern war klar, dass die im Grundgesetz vorgegebene Kompetenzverteilung zwischen Bund und
Ländern ein Mitwirken der Länder unabdingbar machte.
Aber da die Länder die frohe Botschaft der (vorrangig finanziellen) Unterstützung gern vernahmen, wurde der Pakt
am 31. Januar 2019 mit der Bundeskanzlerin beschlossen.
Neben wortreichen Ausführungen zu verschiedenen rechtsstaatlichen Themen sind darin vor allem folgende Verein-
barungen enthalten:

- Beschleunigung und Vereinfachung von Gerichtsverfahren durch Änderungen der Prozessordnungen, insbesondere von gerichtlichen Asylverfahren,

- Ausbau der Öffentlichkeitsarbeit bei den Gerichten,
- zusätzliche Planstellen für Presse- und Öffentlichkeitsarbeit bei Bundesgerichtshof, Bundesfinanzhof und Bundesverwaltungsgericht,
- Schaffung von 71 zusätzlichen Planstellen beim Generalbundesanwalt beim Bundesgerichtshof,
- Stärkung des Bundesgerichtshofes durch Errichtung eines weiteren Zivilsenates in Karlsruhe und eines weiteren Strafsenates in Leipzig,
- Schaffung von 7500 zusätzlichen Planstellen für Polizeiaufgaben bis zum 31. Dezember 2021,
- Einstellung von 2000 zusätzlichen Richterinnen und Richtern sowie Staatsanwältinnen und Staatsanwälten bis zum 31. Dezember 2021 und
- Einstellung des zu deren Unterstützung notwendigen Büropersonals.

Insgesamt stellt der Bund einen Betrag in Höhe von 220 Millionen Euro zur Verfügung, der in zwei Tranchen zu je 110 Millionen Euro gewährt werden soll. Nach Schaffung der ersten 1000 Stellen für Richter- und Staatsanwaltschaft soll die erste Hälfte fließen, nach den zweiten 1000 Stellen die zweite Tranche – indem man den Bundesländern zeitlich befristet einen höheren Anteil an den Umsatzsteuereinnahmen belässt. Die Tatsache, dass in die Berechnungen auch Stellen einflossen, die bereits seit dem 1. Januar 2017 neu geschaffen worden sind, ist indes den feierlichen Erklärungen zu diesem Pakt nicht zu entnehmen. Der Zeitraum, in dem bundesweit diese 2000 Stellen geschaffen werden sollen, erstreckt sich damit vom 1. Januar 2017 bis zum 31. Dezember 2021.[130] Ein sicher nicht zu vernachlässigendes Detail!

Die Reaktionen auf diesen »Pakt« fielen in der Gesamtheit sehr unterschiedlich aus. Der Deutsche Richterbund bezeichnete ihn als einen Meilenstein auf dem Weg zu einer zukunftsfesten Justiz, der damalige Vorsitzende Jörg Gnisa sah darin eine entscheidende Stärkung des Rechtsstaats und stellte zutreffend fest, dass die deutschen Parlamente und Regierungen »nach Jahren der verfehlten Sparpolitik in der Justiz endlich eine Trendwende eingeleitet« haben.[131]

Solchen lobenden Äußerungen standen zahlreiche kritische Stellungnahmen entgegen. So bezeichnete der damalige rheinland-pfälzische Justizminister Herbert Mertin (FDP) den Pakt nicht nur als »Tropfen auf den heißen Stein«, sondern wies insbesondere darauf hin, dass sich die jährlichen Kosten für die neuen Stellen bundesweit auf etwa 400 Millionen Euro beliefen. Zur Erinnerung: Das Gesamtvolumen des Paktes beträgt 220 Millionen Euro. Zudem sei sein Land schon im Doppelhaushalt 2019/20 mit insgesamt 265 Stellen in Vorleistung getreten; dem Verteilungsschlüssel nach stünde Rheinland-Pfalz ein Betrag in Höhe von rund 10,5 Millionen Euro zu – das würde nicht einmal die Kosten für die 265 Stellen decken.[132] Anderen Ländern geht es ähnlich. Stellvertretend sei nur Niedersachen erwähnt, wo in den Haushaltsjahren 2017 und 2018 insgesamt 137 und im Haushaltsjahr 2019 weitere 44 zusätzliche Stellen geschaffen wurden, die angerechnet werden müssen.[133]

Der öffentlich gleichermaßen feierlich wie beharrlich verbreitete Eindruck, dank des Pakts würden mithilfe der finanziellen Unterstützung des Bundes (weitere) 2000 Stellen in den deutschen Ländern neu geschaffen, fand danach in der Wirklichkeit keine Entsprechung. Ich will an dieser Stelle nicht den Begriff der »Mogelpackung« bemühen, kann andererseits nicht umhin, den sachlich begründeten Einwänden verschiedener Landesregierungen zu folgen.

Vereinzelt fiel die Kritik noch drastischer aus. So war die Vorsitzende der Grünen, Annalena Baerbock, der Auffassung, die ausgelobte Finanzhilfe des Bundes sei völlig unzureichend. Stattdessen sollten für die kommenden zehn Jahre jeweils 400 Millionen Euro – also insgesamt 4 Milliarden Euro – an die Länder gehen, »um genügend Richter und Staatsanwälte einstellen zu können«. Mit den bisher geplanten Mitteln von einmalig 220 Millionen Euro sei das schlicht nicht machbar.[134]

Die finanzielle Machbarkeit dürfte infolge der Corona-Pandemie zusätzlich mit einem dicken Fragezeichen versehen sein. Aber ich verbinde diese Forderung wenigstens mit der Hoffnung, dass die demokratischen Parteien in ihrer Gesamtheit die Dringlichkeit des Handelns in Sachen Rechtsstaat verinnerlicht haben. Darüber hinaus dürfen wir mit außerordentlicher Spannung zukünftigen Regierungsbildungen im Bund entgegenblicken. Sollten die Grünen – worauf derzeitige Wahlumfragen durchaus hinweisen – Koalitionspartner in der nächsten Bundesregierung sein, werden sich deren Mitglieder bestimmt der fordernden Worte ihrer Parteivorsitzenden erinnern. Und wir alle können darauf hoffen, dass der nach Regierungswechseln üb-

lich gewordene »Kassensturz« nicht alle in der Oppositions-
zeit erhobenen Forderungen als von der überraschenden
Wirklichkeit überholt erscheinen lässt. Bisher wenigstens
handelt es sich aus meiner Sicht bei diesem Pakt über die
Parteigrenzen hinweg tatsächlich um einen bis dahin in
Deutschland einzigartigen »Schulterschluss« zwischen Bund
und Ländern zur gemeinsamen Stärkung der Justiz. Gleichwohl kann diese Vereinbarung nur als erster Schritt auf dem
Weg in die richtige Richtung gewürdigt werden.

Die Hoffnung stirbt zuletzt

Dieser Optimismus verbreitende Sinnspruch, der die Wände
so mancher Hafträume ziert, erkennt zugleich an, dass auch
die Hoffnung letztlich sterblich ist. Für den Rechtsstaat darf
das hingegen nicht gelten. Deshalb sind wir alle, insbesondere aber die politisch Verantwortlichen, verpflichtet, aus
der Hoffnung Gewissheit werden und auf Worte endlich
Taten folgen zu lassen.

In den zurückliegenden Jahren wurden verschiedene Bemühungen unternommen, um die bestehenden Zustände zu
verbessern. Allzu oft erfolgte auf die Einsicht des dringenden Handlungsbedarfs jedoch keine entschlossene Umsetzung des Notwendigen. So hat beispielsweise die Justizministerin Anne-Marie Keding (CDU) in Sachsen-Anhalt, wo
es zwischen 2000 und 2015 nur wenige Neueinstellungen
gab, erkannt, dass es so nicht weitergehen kann. In Sach-

sen-Anhalt wird von 2025 bis 2032 fast die Hälfte des Justizpersonals in Richter- und Staatsanwaltschaft in Pension gehen. Um diese eklatante Lücke mit erfahrenen Kräften schließen zu können, müssen die Stellen heute aufgestockt werden. Damit erst zu beginnen, wenn die Pensionierungswelle einsetze, sei zu spät, so die Ministerin. Zur Wahrheit gehörte allerdings auch das Eingeständnis, dass die dafür erforderlichen Mehrausgaben in Höhe von rund 20 Millionen im Haushalt des Jahres 2019 nur angemeldet waren.[135]

Ähnliches gilt für Niedersachsen. Dort hatten die Verantwortlichen schon im Jahr 2018 62 neue Richter- und Staatsanwaltsstellen geschaffen und für den Verlauf der fünfjährigen Legislaturperiode den Abschluss der Personalaufstockung – auch im Justizvollzugsbereich – in Aussicht gestellt.[136] Ob sich die anvisierte Aufstockung auf 250 neue Stellen realisieren lässt, bleibt abzuwarten. Zumal das Ausbleiben angekündigter Taten nicht immer an fehlenden Finanzmitteln liegt, sondern schlicht an fehlendem Personal. Während die niedersächsische Justizministerin Barbara Havliza (CDU) umfangreiche Neueinstellungen in Aussicht stellte, waren im Jahr 2019 bei den aktuell bestehenden Stellen 586 vakant – in den Bereichen Richter- und Staatsanwaltschaft, Rechtspflege und Geschäftsstellen. Wobei sich der Personalnotstand in Niedersachsen nicht etwa auf diese Bereiche beschränkt, sondern gleichermaßen für die Sozialgerichtsbarkeit und den Justizvollzugsdienst gilt.[137]

Dass der bundesweit drohenden »Pensionierungswelle« nur mit einem gehörigen Personalzuwachs begegnet werden kann, haben auch die Landesregierungen in Baden-Württemberg, Hamburg, Sachsen und Rheinland-Pfalz erkannt. Wie in der *Legal Tribune Online* vom 2. Januar 2019 nachzulesen ist, wurden

- in Baden-Württemberg seit 2016 insgesamt 251 zusätzliche Richter- und Staatsanwaltsstellen,
- in Hamburg seit 2015 zusammen 170 neue Stellen bei der Staatsanwaltschaft und den Gerichten und
- in Sachsen seit 2015 insgesamt 120 neue Stellen für Richter und Staatsanwälte

geschaffen.

Sowohl in diesen als auch in anderen Bundesländern wurden weitere Einstellungen wiederholt medienwirksam angekündigt. Namentlich gilt das für das Land Berlin, in dem der Justizsenator Dr. Dirk Behrendt für einen außerordentlich starken Personalzuwachs verantwortlich zeichnet. Die Schaffung neuer Stellen und die Bereitstellung finanzieller Mittel dafür sind ein wichtiger Schritt in die richtige Richtung. Und auch wenn sich die vom Bund im Rahmen des »Pakts für den Rechtsstaat« zur Verfügung und in Aussicht gestellten Bundesmittel teils auf bereits eingestelltes Personal erstrecken, muss man diese vorrangig finanziellen Bemühungen anerkennen.

Aber bei wachem Blick auf die raue Wirklichkeit vor allem der Strafjustiz kann niemandem ernstlich entgehen, dass man mit diesen Ankündigungen allein des Problems nicht Herr werden wird. Es bedarf auch einer Offensive, die darauf abzielt, den Staatsdienst für Juristen wieder attraktiv zu machen. Andernfalls werden sich Stellenbesetzungen als äußerst schwierig gestalten. Die Zahl potenzieller Bewerber ist seit Jahren rückläufig, außerdem ziehen die Justizverantwortlichen in allen Bundesländern im Kampf um die fachlich Besten immer dann den Kürzeren, wenn diese sich vornehmlich an finanzieller Sicherheit orientieren. Berücksichtigt man zudem noch die herrschenden Arbeitsbedingungen in der Länderjustiz, muss man sich nicht wundern, dass der Staatsdienst im Ringen um die besten Kräfte fast chancenlos ist.

Das Einkommensniveau in der deutschen Richter- und Staatsanwaltschaft wird auch bei Nachbesserungen nicht mit den Spitzengehältern in der freien Wirtschaft mithalten können; erwarten darf man aber zumindest eine bundesweit einheitliche Besoldung, die sich am deutschen Spitzenreiter orientiert. Dann nämlich würde den Kolleginnen und Kollegen ein Einkommen zuteil, das ihrer Ausbildung, ihrer Erfahrung und vor allem aber ihrer Verantwortung gerecht wird – als wichtige Stützen dieser Demokratie und dieses Rechtsstaats. Und es war eine beschämende Entscheidung für die Regierenden in Berlin, als das Bundesverfassungsgericht am 4. Mai 2020 (2 BvL 4/18) feststellte, dass die Besoldungsvorschriften des Landes Berlin mit dem in Art. 33 Abs. 5 GG gewährleisteten Alimentationsprinzip für Richter und Staatsanwälte in den Jahren 2009 bis 2015 (!) unvereinbar waren. Die Besoldung war evident unzureichend. Dem Berliner Gesetzgeber wurde deshalb aufgegeben, verfassungskonforme Regelungen mit Wirkung spätestens zum 1. Juli 2021 zu treffen. Damit erkannte das Bundesverfassungsgericht die von uns seit Jahren beklagte verfassungswidrig niedrige Besoldung an. Auf diese und verschiedene vergleichbare Entscheidungen aus Karlsruhe werden die Länderparlamente nun unverzüglich reagieren müssen.

Die Unterfinanzierung der Justiz zeigt sich nicht nur im Mangel an (qualifiziertem) Personal. Gerade die räumliche und technische Ausstattung der Justizorgane gibt nicht nur nach außen ein klägliches Bild ab, sondern auch nach innen. Das tägliche Arbeitsumfeld der Justizbediensteten ist für ihre ohnehin weithin beeinträchtigte Zufriedenheit mitbestimmend. Und es zeigt Besuchern an, welchen Stellenwert die Länder ihren Behörden beimessen. Diese müssen wenigstens so ausgestattet werden, dass den Menschen, die – gewollt oder ungewollt – in Kontakt mit ihnen kommen, die Bedeutung der Justiz bewusst wird. Entsprechendes gilt, zumindest in Berlin, auch für Polizeidienststellen.

Die Mitarbeiter selbst müssen Tag für Tag immer mehr Fälle bewältigen, ohne dabei auf effektive technische Hilfsmittel und/oder unterstützende Kräfte zurückgreifen zu können. Die Wegrationalisierung etwa von Schreibkräften, Protokollführern und Wachtmeistern und die mangelhafte Unterstützung durch veraltete IT tragen einen maßgeblichen Teil auch dazu bei, dass sich die Prozessdauer an deutschen Gerichten seit Jahren erhöht. Dass Verbrechensaufklärung an Gründen wie diesen scheitert, weil wegen chronischer Überlastung beispielsweise Fristen nicht eingehalten werden, ist der Öffentlichkeit nicht zu vermitteln.

Aber ich will dieses Buch nicht ohne ein versöhnliches Ende schließen. Denn bei aller geäußerten Kritik, der Beschreibung teils schwerster Missstände in der Justiz wie

Polizei und der Feststellung, dass ein uneingeschränkt funktionsfähiger Strafrechtsstaat nicht mehr besteht, will ich Ihnen die aus meiner Sicht zwingenden Lösungsmöglichkeiten zur Rückgewinnung des Vertrauens der Bevölkerung in den Rechtsstaat nicht vorenthalten.

Um dieses Vertrauen nicht weiter zu zerrütten, bedarf es durchgreifender Maßnahmen seitens der Regierungen des Bundes und der Länder. Vorrangig müssen

- die Personallücken in der Justiz und Polizei endlich geschlossen,
- für die Wiederherstellung der bundeseinheitlichen Besoldung für die Richter- und Staatsanwaltschaft Sorge getragen,
- die technischen Ausstattungen in beiden Bereichen auf den stets aktuellen Stand gebracht,
- die jeweiligen Arbeitsbedingungen zeitgemäß und an arbeitsmedizinischen Erfordernissen ausgerichtet,
- den gesundheitlichen Belangen der Richter- und Staatsanwaltschaft Rechnung getragen,
- die räumlichen Gegebenheiten in einen ansprechenden Zustand versetzt,
- personelle Entscheidungen transparent getroffen,
- zielführende Fortbildung der Beschäftigten auf allen Ebenen betrieben und
- das Bild der Justiz in der politischen Begleitung ihrer Arbeit positiv dargestellt

werden.

Letzteres ist keineswegs eine Selbstverständlichkeit. In diesen Zusammenhang sei stellvertretend die Äußerung des damaligen Berliner Finanzsenators Thilo Sarrazin (SPD) aus dem Jahr 2002 zitiert: »Die Beamten laufen bleich und übel riechend herum, weil die Arbeitsbelastung so hoch ist.« Wenn selbst politische Funktionsträger sich nicht scheuen, loyale Staatsbeamte zu diskreditieren, muss man sich nicht wundern, wenn Kriminelle den Rechtsstaat nicht mehr ernst nehmen.

Die herrschenden Verhältnisse erlauben kein weiteres Zuwarten. Denn mit jedem Tag der Untätigkeit oder des zögerlichen Handelns läuft der Rechtsstaat Gefahr, weiter zu erodieren. Für mich ist die Rettung unseres Rechtsstaats eine Herzensangelegenheit. Für ihn trete ich seit dem ersten Tag meines Dienstes bei der Staatsanwaltschaft und seither zu jedem Zeitpunkt uneingeschränkt ein – ich würde mir wünschen, dies auch endlich von den politischen Verantwortlichen sagen zu können.

Anhang

Tabelle 1:

Die Kriminalstatistik der Jahre 2016 bis 2018 im Ländervergleich. Die Reihenfolge der Auflistung bestimmt sich dabei aufsteigend nach den auf jeweils 100 000 Einwohnerinnen und Einwohner errechneten Fällen:

2016:

Bundesland	Erfasste Fälle	Fälle je 100 000 Einwohner
Baden-Württemberg	609 133	5598,8
Hessen	412 104	6672,5
Rheinland-Pfalz	274 593	6775,4
Bayern	882 473	6871,0
Thüringen	149 226	6874,5
Niedersachsen	561 963	7089,6
Schleswig-Holstein	206 541	7225,0
Brandenburg	185 131	7478,6
Mecklenburg-Vorpommern	123 061	7632,3
Saarland	76 981	7732,1

Sachsen	324 736	7949,8
Nordrhein-Westfalen	1 469 426	8224,9
Sachsen-Anhalt	196 464	8749,3
Hamburg	239 230	13 384,2
Bremen	91 904	13 686,6
Berlin	568 860	16 160,7

2017:

Bundesland	Erfasste Fälle	Fälle je 100 000 Einwohner
Bayern	629 512	4868,3
Baden-Württemberg	579 953	5295,5
Hessen	375 632	6045,8
Rheinland-Pfalz	251 713	6190,6
Schleswig-Holstein	188 979	6557,4
Niedersachsen	526 120	6621,5
Thüringen	143 237	6637,1
Mecklenburg-Vorpommern	110 337	6850,5
Brandenburg	175 003	7015,1
Saarland	70 860	7109,8
Nordrhein-Westfalen	1 373 390	7676,8
Sachsen	323 136	7916,5
Sachsen-Anhalt	186 552	8342,2
Bremen	81 176	11 959,6
Hamburg	225 947	12 480,2
Berlin	520 437	14 558,4

2018:

Bundesland	Erfasste Fälle	Fälle je 100 000 Einwohner
Bayern	635 421	4889
Baden-Württemberg	572 173	5191
Hessen	372 798	5971
Rheinland-Pfalz	244 468	6001
Niedersachsen	506 585	6362
Schleswig-Holstein	186 894	6467
Thüringen	143 158	6655
Mecklenburg-Vorpommern	108 665	6754
Sachsen	278 796	6831
Brandenburg	172 828	6902
Saarland	70 873	7129
Nordrhein-Westfalen	1 282 441	7160
Sachsen-Anhalt	175 625	7900
Bremen	74 524	10 943
Hamburg	218 594	11 941
Berlin	511 677	14 160

Tabelle 2:

Aufklärungsquote von Straftaten in den Bundesländern für die Jahre 2016 bis 2018, erstellt auf der Grundlage der Kriminalstatistik des BKA

Bundesland	2016	2017	2018
Bayern	65,9 %	66,8 %	66,7 %
Thüringen	63,8 %	64,5 %	66,1 %
Rheinland-Pfalz	64,9 %	64,4 %	64,5 %

Hessen	62,7 %	62,8 %	64,2 %
Niedersachsen	61,4 %	62,3 %	62,8 %
Baden-Württemberg	60,2 %	62,4 %	62,7 %
Mecklenburg-Vorpommern	62,8 %	62,0 %	62,2 %
Sachsen	55,8 %	59,2 %	56, 6 %
Saarland	58,3 %	56,3 %	56,1 %
Brandenburg	53,0 %	55,3 %	56,0 %
Sachsen-Anhalt	55,4 %	55,7 %	55,6 %
Schleswig-Holstein	54,5 %	53,9 %	54,5 %
Nordrhein-Westfalen	50,7 %	52,3 %	53,7 %
Bremen	48,4 %	48,5 %	49,2 %
Hamburg	44,8 %	44,4 %	45,8 %
Berlin	42,0 %	44,2 %	44,4 %

Anmerkungen

Prolog

1 https://www.drb-nrw.de/stellungnahmen-archiviert/42-perso
nalausstattung/345wer-erklaert-die-strukturelle-hinrichtung-
der-justiz
2 http://www.transatlantic-journal.com/2017/08/deutsche-
gerichte-hoffnungslos-ueberlastet/
3 https://www.destatis.de/DE/Presse/Pressemitteilungen/
2020/08/PD20_321_243.html
4 Ebd.
5 Ebd.
6 https://www.lto.de/recht/nachrichten/n/richterbund-ver
fahrenslaenge-uhaft-entlassung/

Kapitel 1: Imageproblem

7 *Die Welt* vom 11. Januar 2017
8 https://www.transatlantic-journal.com/2017/08/deutsche-
gerichte-hoffnungslos-ueberlastet/
9 *die tageszeitung* vom 26. September 2018
10 https://www.lto.de/recht/justiz/j/justiz-ranking-2016-zahlen-

deutsche-gerichte-erledigungsquote-verfahrensdauer-bestaende/

11 https://www.handelsblatt.com/politik/deutschland/pakt-fuer-den-rechtsstaat-mehr-personal-fuer-die-deutsche-justiz-doch-es-droht-eine-neue-arbeitsflut/25601660.html

12 DRB-Festakt am 5. April 2019 auf www.drb.de

13 https://www.ifd-allensbach.de/studien-und-berichte/veroeffentlichte-studien.html
https://www.roland-rechtsschutz.de/unternehmen/presse/

14 https://www.t-online.de/nachrichten/deutschland/innen politik/id_83768414/umfrage-vertrauen-der-deutschen-in-den-rechtsstaat-schwindet-massiv.html

15 https://www.gdp.de/gdp/gdpnds.nsf/id/Nds_20200623_Zusammenfass?open&ccm=000

16 https://www.tagesschau.de/faktenfinder/gewalt-polizei-101.html

Kapitel 2: Wahrnehmungsproblem

17 Pressemitteilungen der Senatsverwaltung für Inneres und Sport vom 2. März 2018, vom 27. Februar 2019 und vom 9. März 2020 auf www.berlin.de.

18 https://www.presseportal.de/blaulicht/pm/72365/3015692

19 BKA-Sicherheitsstudie, https://www.bka.de/DE/UnsereAuf gaben/Forschung/ForschungsprojekteUndErgebnisse/Dunkelfeldforschung/DVS2017/ersteErgebnisse DVS2017.html?nn=75286

20 Ebd.

21 https://www.forschung-und-lehre.de/zeitfragen/kriminali taets-statistik-versus-gefuehlte-sicherheit-2291/

22 *Die Welt* vom 10. Mai 2019

23 *Tagesspiegel* Checkpoint Kurzstreck vom 15. Oktober 2020

Kapitel 3: Personalproblem

24 *Spiegel Online* vom 3. Mai 2019; DRB vom 28. Dezember 2018 und *Focus Online* vom 4. Juni 2019

25 mdr-aktuell vom 1. April 2019

26 *LTO-Legal Tribune Online* vom 2. Januar 2019

27 Deutschlandfunk Kultur vom 24. Januar 2020

28 https://de.statista.com/statistik/daten/studie/790069/ umfrage/abgeschlossene-juristische-staatspruefungen-in-deutschland/

29 https://www.bundesjustizamt.de/DE/Themen/Buergerdienste/ Justizstatistik/Juristen/Ausbildung_node.html

30 https://www.lto.de/recht/studium-referendariat/s/nachwuchs-mangel-personal-justiz-kein-praedikat/

31 https://www.lto.de/recht/studium-referendariat/s/nachwuchs-mangel-personal-justiz-kein-praedikat/

Kapitel 4: Ausstattungsproblem

32 www.bsi-fuer-buerger.de

33 *Berliner Morgenpost* vom 16. Oktober 2019

34 *Die Zeit* vom 5. Dezember 2019

35 *Der Tagesspiegel* vom 30. Januar 2020

36 https://www.politik-kommunikation.de/ressorts/artikel/ was-haben-behoerden-aus-dem-datenklau-gelernt-95095062

37 https://www.deutschlandfunk.de/risiko-am-rechner-wenn-hacker-behoerden-und-unternehmen.724.de.html?dram: article_id=471925

38 https://www.sueddeutsche.de/digital/bsi-hacker-angriffe-emotet-lagebericht-1.4644733

Kapitel 5: Raumproblem

39 *Berliner Zeitung* vom 10. Mai 2020
40 Ebd.
41 *Berliner Morgenpost* vom 1. Dezember 2019
42 Ebd.
43 *FAZ* vom 26. Januar 2012

Kapitel 6: Zeitproblem I

44 *Der Tagesspiegel* vom 20. Oktober 2017
45 https://www.drb.de/fileadmin/DRB/pdf/Belastung/150410_
    PEBBSY_Hauptband.pdf
46 Ebd.
47 https://betrifftjustiz.de/wp-content/uploads/texte/BJProzent
    20113_Dudek.pdf

Kapitel 7: Ermessensproblem

48 *Berliner Morgenpost* vom 19. März 2018
49 Pressemitteilung Nr. 369 des Statistischen Bundesamtes vom
    27. September 2018
50 *Berliner Zeitung* vom 13. Mai 2017
51 https://www.bmjv.de/SharedDocs/Downloads/DE/Service/
    Fachpublikationen/Strafrechtspflege_Deutschland.pdf?_
    blob=publicationFile&v=15
52 https://www.destatis.de/DE/Themen/Querschnitt/Jahrbuch/
    jb-justiz.pdf?__blob=publicationFile
53 https://www.destatis.de/DE/Presse/Pressemitteilungen/
    2020/08/PD20_321_243.html;jsessionid=BA006AE03D67
    F0AD80097256F15497F7.internet8731

54 *Der Tagesspiegel* vom 7. Dezember 2017
55 Ebd.

Kapitel 8: Zeitproblem II

56 BVerfG, Beschluss vom 30. Juli 2014; 2BvR 1457/14 Rn. 23
57 *Spiegel Online* vom 24. März 2019
58 »Tagesschau« vom 24. April 2019
59 *Berliner Morgenpost* vom 24. April 2019
60 *BZ Berlin* vom 28. April 2019
61 *Der Tagesspiegel* vom 20. Dezember 2017
62 Ebd.
63 Ebd.

Kapitel 9: Flaschenhalsproblem

64 https://www.augsburger-allgemeine.de/politik/Belastung-
    steigt-Deutsche-Polizisten-sitzen-auf-20-Millionen-Ueber
    stunden-id57730821.html
65 https://www.rbb24.de/politik/beitrag/2020/11/berlin-polizei-
    ueberstunden-corona-pandemie.html
66 *Berliner Morgenpost* vom 23. Januar 2020
67 *Der Spiegel* vom 18. April 2019
68 *Der Spiegel* vom 11. September 2019
69 *Zeit Online* vom 26. Juni 2018
70 https://www.dw.com/de/%C3%BCber-600-islamistische-
    gef%C3%A4hrder-in-deutschland/a-55484529
71 RBB 24 vom 7. Juli 2019
72 https://www.tagesspiegel.de/berlin/bearbeitungsstau-bei-der-
    kriminaltechnik-berliner-polizei-wartet-monate-auf-dna-
    analysen/24535170.html

73 RBB 24 vom 7. Juli 2019

74 *die tageszeitung* vom 12. September 2019

75 Ebd.

76 Richtlinie 2014/42/EU vom 3. April 2014

77 *Berliner Morgenpost* vom 18. Oktober 2018

78 https://www.lto.de/recht/justiz/j/vermoegensabschoepfung-straftaten-staatsanwaltschaften-reform-in-der-praxis-bewaehrt/

79 Ebd.

80 Ebd.

81 *BZ Berlin* vom 17. September 2020

82 *Focus Online* vom 16. Dezember 2015

83 https://www.sueddeutsche.de/panorama/gruenes-gewoelbe-goldmuenze-clans-berlin-dresden-1.5119835

84 Ebd.

85 *Der Tagesspiegel* vom 24. September 2008

86 WDR vom 15. Mai 2019 auf www1.wdr.de

87 Ebd.

88 *Der Tagesspiegel* vom 27. November 2018

89 Ebd.

90 Ebd.

91 *Welt am Sonntag* vom 12. Januar 2020

92 Ebd.

93 *Der Tagesspiegel* vom 25. Oktober 2019

94 Ebd.

95 *Die Welt* vom 24. November 2019

96 u. a. *Berliner Morgenpost* vom 16. August 2019

Kapitel 10: Entkriminalisierung

97 *Berliner Morgenpost* vom 29. Dezember 2018

98 *Berliner Anwaltsblatt* 2020

99 »Berliner Abendschau«, RBB am 12. Februar 2020

100 Veröffentlicht am 20. Dezember 2018

Kapitel 11: Vollzugsproblem

101 https://de.statista.com/statistik/daten/studie/38600/umfrage/krankenstand-bei-pflichtmitgliedern-der-gkv/

102 *Der Tagesspiegel* vom 13. September 2019

103 *Der Tagesspiegel* vom 18. Dezember 2019

104 *Der Tagesspiegel* vom 31. August 2019

105 Ebd.

106 Ebd.

107 Ebd.

108 *Der Tagesspiegel* vom 9. September 2019

109 *Augsburger Allgemeine* vom 4. Januar 2019

110 *Berliner Zeitung* vom 20. August 2018

111 *Berliner Morgenpost* vom 8. Februar 2019

112 Ebd.

113 *BZ Berlin* vom 22. Oktober 2019

114 *Der Tagesspiegel* vom 17. Juli 2015

115 *Berliner Zeitung* vom 28. September 2019

116 *Der Tagesspiegel* vom 23. Juli 2015

117 *BZ Berlin* vom 16. August 2015

118 *Bild* vom 20. August 2015

119 *Berliner Zeitung* vom 2. Januar 2018

120 Ebd.

121 *BZ Berlin* vom 8. bzw. 10. Januar 2018

122 *Der Tagesspiegel* vom 13. März 2019

Kapitel 12: Abwägungsproblem

123 *Die Zeit* vom 24. Mai 2018
124 Ebd.
125 *BZ Berlin* vom 20. Juli 2019
126 Ebd.

Schlussbetrachtung

127 Pressemitteilung Nr. 19–022 der Senatsverwaltung Finanzen vom 12. Dezember 2019 auf www.berlin.de
128 *BZ Berlin* vom 12. September 2019
129 Drucksache 18/2020, Seiten 18 und 20, auf www.pardok. parlament-berlin.de
130 Seite 2 der »Besprechung der Bundeskanzlerin mit den Regierungschefinnen und Regierungschefs der Länder am 31. Januar 2019« auf www.bundesregierung.de
131 DRB vom 31. Januar 2019 auf www.drb.de
132 *Die Rheinpfalz* vom 31. Januar 2019
133 Antwort des niedersächsischen Justizministeriums vom 10. Mai 2019 auf die Kleine Anfrage eines FDP-Abgeordneten – Niedersächsischer Landtag – 18. Wahlperiode, Drucksache 18/3710 auf www.landtag-niedersachsen.de
134 *RP Online* vom 1. Februar 2019
135 https://www.lto.de/recht/justiz/j/justiz-personalmangel-pensionierungswelle-neueinstellungen-richter-staatsanwaelte-finanzierung/
136 Ebd.
137 *Neue Presse* vom 16. November 2019

WUSSTEN SIE, DASS ...

... die Flucht aus dem Gefängnis in Deutschland straffrei ist? ... Sie zu viel ausgezahltes Wechselgeld behalten dürfen? ... Morde auf Kreuzfahrtschiffen fast nie aufgeklärt werden? ... Sie sich von Punkten in Flensburg »freikaufen« können? ... Bier in Russland erst seit 2011 als alkoholisches Getränk gilt? ... das Töten einer Wespe 65.000 € kosten kann? Solche Kuriositäten und vieles mehr, von verblüffenden Rechtslücken bis zu juristischen Superlativen, steht in diesem so unterhaltsamen wie erhellenden Buch, mit dem man sich zum Weltrechtsexperten weiterbilden kann. ENDLICH: Das Buch zur erfolgreichen Social-Media-Brand »Jurafakten«

Dallan Sam und Patrick Burow
Jurafakten
Verbotene Süßigkeiten, erlaubte Morde und andere Kuriositäten aus Recht und Gesetz

Taschenbuch
Auch als E-Book erhältlich
www.ullstein.de

ullstein